上海校园文化传承创新发展行动计划—中国风丛书出版项目资助

中国风
CHINA WIND
Jiangnan
Culture
江南文化

U0730864

杭州的一泓碧影

主编 刘士林 洛秦

洪亮 著

上海音乐学院出版社

西洲在何处，两桨桥头渡。

想好好地做一点江南的书，这个愿望实在是不算短了。

每登清凉山，临紫霞湖，看梅花山的灿烂云锦，听秦淮河的市井喧阗，这种想法就会更加难以抑制……更不要说在扬州瘦西湖看船娘腰肢轻摇起满湖涟漪、在苏州的网师园听艺人朱唇轻吐"月落乌啼霜满天"，以及在杭州的断桥边遥想许多已风流云散的"三生石上旧精魂"了。这是一片特别容易招惹起闲情、逸致甚至是几分荒凉心的土地，随便一处破败不堪的庭院，也许就是旧时钟鸣鼎食的王谢之家，而山头上一座很不起眼的小小坟茔，也许深埋的就是曾惊天动地的一泓碧血……而在江南生活的所有诗性细节之中，最令人消受不起的当然要算是还乡感了。特别是在明月之夜、风雨之夕的时候，偶尔走进一个陌生的水乡小镇，它一定会勾起那种"少小离家老大回"的人生沧桑。在这种心情和景物的诱惑下，一个旅人会很容易陷入到一种美丽的幻觉中，搞不清楚此时此刻的他和刚才还在红尘中劳心苦形的那个自我，谁的存在更真实一些，谁的音容笑貌更亲切温柔一些……

然而，毕竟是青山遮不住逝水，一如江南佳丽总是难免于"一朝春残红颜老"的命运，像这样的一种诗性江南在滚滚红尘中的花果飘零，也仿佛是在前生就已签下的悲哀契约。而对于那些生逢其时的匆匆过客们，那交集的百感也不是诗人一句"欲说还休"就可以了断的。一方面是"夜深还过女墙来"的旧时明月，另一方面却是"重过阊门万事非"的江边看月之人；一方面是街头桂花的叫卖声、桂花酒酿的梆子声声声依旧，另一方面却是少年时代的长干、横塘和南浦却早已不可复闻；一方面是黄梅时节的细雨、青草池塘的蛙鼓依然如约而来，另一方面却是采莲、浣纱和晴耕雨读的人们早已"不知何处去"；一方面是在春秋时序中的莼菜、鲈鱼、莕荇和茨菰仍会历历在目，另一方面在夕阳之后却再也没有了夜唱蔡中郎的嗓音嘶哑的说书艺人，还有那良辰美景中的旧时院落，风雨黄昏中的客舟孤侣，浅斟低唱的小红与萧娘，春天郊原上的颜色与深秋庭院中的画烛，以及在江南大地上所有曾鲜活过的一切有声、有形、有色、有味的事物。如果它们的存在不能上升到永恒，那么还有什么东西更值得世人保存呢？对于这个世界上存在的万物来说，还是苏东坡的《前赤壁赋》说得好："盖将自其变者而观之,则天地曾不能以一瞬;自其不变者而观之,则物与我皆无尽也。"而对于一切已经丧失物质躯壳的往昔事物,它们的存在和澄明当然只能依靠语言和声音来维系。用一种现代性的中国话语去建构一个有生命的古典人文江南,就是勉励我们策划"江南话语"并将之付诸实践的最高理念和实践力量。就像东山魁夷在大自然中写生时的情况一样,漫步在美丽的江南大地上,我们也总是会听到一种"快把我表现出来"的悲哀请求。而有时这种柔弱的请求会严厉得如同一道至高无上的命令,这正是我们必须放弃许多其他事务而首先做这样一件事情的根源。

记得黑格尔曾说古希腊是"整个欧洲人的精神家园",而美丽的江南无疑可以看作中华民族灵魂的乡关。尽管正在人们注目中的这个湿润世界,已经更多地被归入历史的和怀旧的对象,但由于说话人本身是活的、正在呼吸着的生命,因而在他们的叙事中也会有一种在其他话语空间中不易见到的现代人文意义。让江南永远是她自身,让江南在话语之中穿越时光和空间,成为中华民族生活中一个永恒的精神家园,这就是"江南话语"希望达到的目标和坚持不懈的人文理想。

2003年7月7日于南京白云园

目 录

主编人语 …………………………………………………… （一）

看朱成碧思纷纷(代序) …………………………………… （一）

概况:溶溶漾漾年年绿 ……………………………………… （一）

  杭州得名 …………………………………………………… （二）

  西湖沿革 …………………………………………………… （三）

湖上:淡妆浓抹总相宜 ……………………………………… （一一）

  平湖秋月 …………………………………………………… （一二）

  断桥残雪 …………………………………………………… （一三）

  西泠 ………………………………………………………… （一七）

  孤山(一) …………………………………………………… （一九）

  孤山(二) …………………………………………………… （二四）

  苏堤春晓 …………………………………………………… （二七）

  三潭印月 …………………………………………………… （三〇）

  花港观鱼 …………………………………………………… （三三）

  西湖定评 …………………………………………………… （三五）

  望湖楼 ……………………………………………………… （三七）

  吉祥寺牡丹 ………………………………………………… （四〇）

  东坡夜游湖 ………………………………………………… （四二）

  晴湖 ………………………………………………………… （四四）

  雨湖 ………………………………………………………… （四五）

  晓湖 ………………………………………………………… （四八）

  暮湖 ………………………………………………………… （五一）

梦湖···································（五二）

月湖···································（五三）

雪湖···································（五五）

夏湖···································（五七）

销金锅·································（五九）

北山:无数白云生翠屏···················（六三）

葛岭···································（六四）

保俶如美人·····························（六六）

北山诸洞·······························（六九）

曲院风荷·······························（七三）

玉泉···································（七五）

九里云松·······························（七八）

冷泉亭(一)·····························（八〇）

冷泉亭(二)·····························（八三）

飞来峰·································（八六）

灵隐···································（九〇）

韬光庵·································（九四）

天竺···································（九六）

北高峰·································（一〇〇）

山溪哲思·······························（一〇二）

马塍···································（一〇四）

西溪···································（一〇六）

南山:孤峰犹带夕阳红···················（一〇九）

柳浪闻莺 ···（一一〇）

南屏晚钟 ···（一一一）

雷峰夕照 ···（一一五）

满觉陇 ···（一一七）

烟霞三洞 ···（一一八）

双峰插云 ···（一二〇）

龙井 ···（一二三）

虎跑泉 ···（一二六）

吴山：立马吴山第一峰 ·····························（一三一）

吴山 ···（一三二）

玉皇山 ···（一三五）

凤凰山 ···（一三七）

梵天寺 ···（一四一）

胜果寺 ···（一四三）

万松书院 ···（一四五）

江干及其他：十万军声半夜潮 ·······················（一四九）

六和塔 ···（一五〇）

九溪十八涧 ·······································（一五一）

五云山 ···（一五三）

云栖 ···（一五五）

钱江潮 ···（一五七）

皋亭山 ···（一六〇）

超山 ···（一六一）

人物:西子湖头有我师 ……………………………………（一六三）

　苏小小…………………………………………………（一六四）

　白居易…………………………………………………（一六七）

　潘阆与柳永……………………………………………（一七〇）

　赵构……………………………………………………（一七三）

　岳王坟…………………………………………………（一七五）

　施公祠…………………………………………………（一八〇）

　赵孟坚…………………………………………………（一八三）

　竹枝词…………………………………………………（一八五）

　萨都剌…………………………………………………（一八九）

　于谦……………………………………………………（一九〇）

　杨孟瑛…………………………………………………（一九三）

　张苍水·章太炎………………………………………（一九六）

　冯小青…………………………………………………（二〇〇）

　陈洪绶…………………………………………………（二〇二）

　张岱……………………………………………………（二〇四）

　秋瑾……………………………………………………（二〇六）

　月轮楼主夏承焘………………………………………（二〇九）

　藕花居·《蕙的风》…………………………………（二一二）

后记………………………………………………………（二一五）

修订后记…………………………………………………（二一七）

内容提示

　　本书以明人田汝成的《西湖游览志》《西湖游览志余》为经，以张岱的《西湖梦寻》为纬，串起《西湖志》《梦粱录》《武林旧事》《四时幽赏录》等二十余种史籍，加之以诗词小说、现当代游记，多层次、多侧面地向读者呈现了一个丰美的、人文化的西湖，在绮罗香泽、橹声光影里，努力发掘江南文化柔情侠骨的底蕴，可作为杭州西湖的高品位导游图经来阅读、欣赏。

看朱成碧思纷纷（代序）

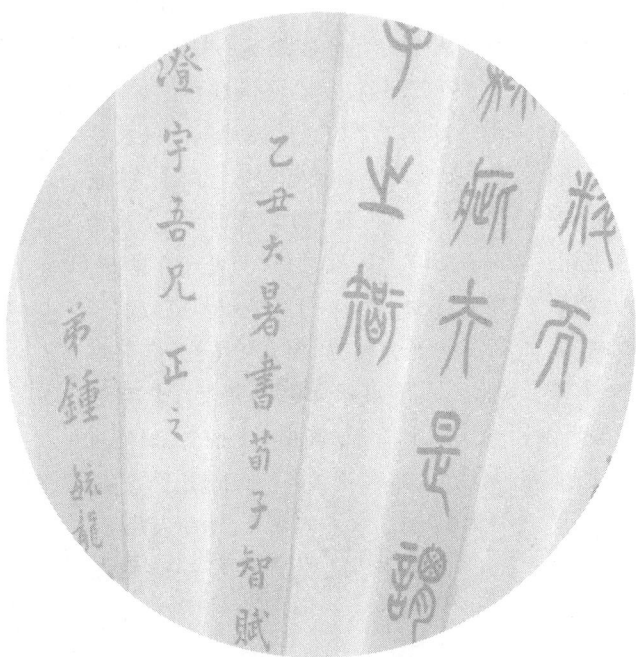

受刘士林先生之托，接下这本小书的写作任务时，颇为爽快，以自己数度去杭，流连湖山，寻胜探幽，神赏心会，焉有不成之理？后来遍涉有关杭州的典籍，再拿到副题《〈西湖游览志〉的人文阐释》，又觉过于拘限。作者田汝成，《明史》有传，钱塘（今杭州）人，字叔禾，嘉靖五年(1526)进士，官至广西布政司右参议、福建提学副使。归田后，盘桓湖山，穷浙西诸名胜。在《游览志》序中，提及五岳山人黄勉之曾鼓励他："西湖无志，犹西子不写照，霓裳不按谱也。"希望他完成这项开辟草莱之功业。从这一点上讲，他是胜任了，除《西湖游览志》二十四卷外，尚有《西湖游览志余》二十六卷，搜奇标异，蔚为大观。但比之后起诸作，特别是张岱的《西湖梦寻》，则不但显得庞杂，而且殊少文采。《西湖梦寻》也有袭用《游览志》处，但在选择、叙写西湖胜景上却自具只眼，凡属精华，无不撷取，倘涉琐细，即便摒弃，远非《游览志》所能及。且在《自序》中说："余生不辰，阔别西湖二十八载，然西湖无日不入吾梦中，而梦中之西湖，实未尝一日别余也。"我始终认为，能摄西湖之魂的作品，需要一些距离感、一些神秘感，加上怀旧情调、梦幻色彩。经过明清换季之家国巨痛的张岱，以梦笔写西湖，其感情之深沉、文字之凄

钟毓龙小篆书法

丽，自非田汝成可比。

今人钟毓龙(1880—1970)的《说杭州》，也起始于在雁荡山躲避日寇之时，怀归不得，因记杭州风物，以寄乡思。建国后，他以古稀之年，夙兴夜寐，孜孜不倦，荟萃其平生闻见，广征博引，多方考证，历十载而成，全稿约一百万言。未及付梓，而逢十年浩劫，多年心血，毁于一旦！"文革"后，其子钟肇恒多方搜觅，得成《说杭州》一书(浙江人民出版社1983年版)，然字数不到三十二万，其中《说桥》《说祠庙寺观》《说古迹》《说园林别墅》《说事》《杂说》数章的缺失，尤令人痛心！

由此反观《西湖游览志》《西湖

游览志余》二书历四百余年而保完璧，实属天幸！张岱《西湖梦寻》《陶庵梦忆》经明清易代之大劫而得以留存，弥足珍贵！

取田公《游览志》复读，发现有些地方也不乏文采，如写孤山俞公祠：

祠内左有木香一本，引蔓双柏，高三丈余，枝条蒙密，洒落满庭。花时如逆玉垂珠，雪色照耀，软香袭人，闻数百步。……右有古梅一株，盘抱奇石，干出石孔中，岁久与石吻合，老干权丫，如从石面生也。疏花冷朵，与乔松相映。每霜月流空，斜阳在树，真若梦罗浮，与姑射仙人游也。

又如：

龙井，本名龙泓，……林樾幽古，石鉴平开，寒翠甘澄，深不可测。疏涧流淙，泠泠然不舍昼夜。闲花寂草，延缘其旁，或隐或见，苍山围绕，杳非人间。时闻鸟韵樵歌，响答虚谷。

由于心生弥足珍贵之情，我想以《西湖游览志》《西湖游览志余》为经，以《西湖梦寻》为纬，串起《西湖志》《梦粱录》《武林旧事》《四时幽赏录》等二十余种史籍，加之以诗词小说、现当代游记，多层次、多侧面地向读者呈

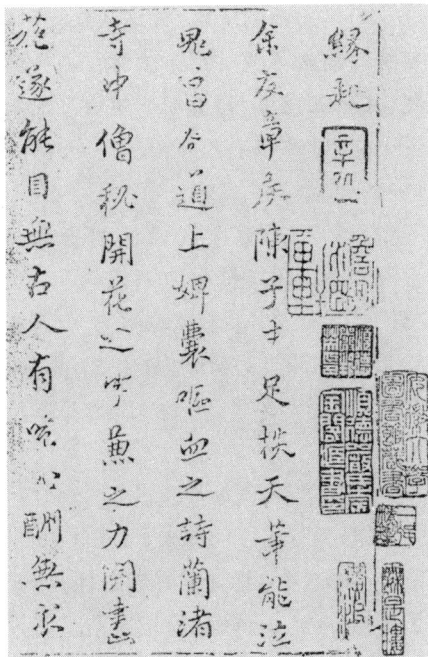

张岱手迹

现一个丰美的、人文化的西湖。如果不广为搜罗，难免有遗珠之憾。如明人李流芳《西湖卧游图题跋·云栖晓雾图》一文，历来少有人提及，我却认为李身为画家，才能如此落笔：

犹记出云栖时，雾初合，四望皆空，时见天末一痕两痕，皆山顶也。日出氤氲，竹树之影在水中，……

又如今人夏承焘《天风阁学词日记》写西溪：

西溪比西湖清幽，弯环秋绿，净不可唾。霜淑人家，历历在画。扁舟摇曳，穿十五座桥，诗意曲折不穷。对临溪小筑，时动移家之兴。

我的目光曾久久谛视刘士林先生所起的正题《杭州的一泓碧影》的"碧"字上。查《现代汉语词典》(商务1986年版)59页："碧bì①〈书〉青玉。②青绿色：～草｜～波。"我补充了两条：

"碧落"：天堂的颜色。

"碧绿"：生命的颜色。

不知怎么，思绪竟羁勒不住，跑开了野马，一连串诗词，纷至沓来："美人一去碧云冷"、"夜市千灯照碧云，高楼红袖客纷纷"、"一曲相思碧云合"、"碧云淡日黄花节，红树西风白雁秋"、"寒山一带伤心碧"、"玉楼歌断碧山遥"、"已恨碧山相阻隔，碧山还被暮云遮"、"春水碧于天，画船听雨眠"、"接天莲叶无穷碧，映日荷花别样红"、"碧玉妆成一树高，万条垂下绿丝绦"、"破额山下碧玉流，骚人遥驻木兰舟"、"碧血长埋未化磷"、"碧城十二曲栏干"、"碧梧院落银床静"、"碧树为我生凉秋"、"碧瓦光相射"、"霁光浮瓦碧参差"、"惊破碧窗残梦"、"行到小桥春影碧"、"芦芽短短穿碧沙，船头鲤鱼吹浪花"、"冰簟银床梦不成，碧天如水夜云轻"、"嫦娥应悔偷灵药，碧海青天夜夜心"、"柳花飞入正行舟，卧引菱花信碧流"……此外"碧水"、"碧江"、"碧溪"、"碧潭"、"碧池"、"碧烟"、"碧野"、"碧殿"、"碧堂"、"碧帘"等，也都会诱发人悠长的情思。以至于后来，我也有点儿"看朱成碧思纷纷，憔悴支离为思君"了。"君"者，杭州西湖也。

我历来不喜欢攀附洋亲，把苏州比做"东方威尼斯"、杭州比做"东方日内瓦"。不同的风土与历史，自会产生不同的自然景观与人文景观。黄裳先生引了吴虞的两句诗："英雄若是无儿女，青史河山漫寂寥。"又发挥说："无论一处地方风景如何秀美、山河何等雄奇，如这中间没有为人民爱重的仁人志士、诗人画家驻足流连，那就不免减色，'青史河山漫寂寥'了。"所以本书也适当收进一些与西湖有关的人物。

我心目中的西湖，不纯为苏小小，也不单是秋瑾，而近于侠骨柔肠的河东君柳如是。陈寅恪先生对她倾倒备至，晚年双目失明之后，还写下八十万字的《柳如是别传》。柳有《西湖八绝句》。其一云：

垂杨小院绣帘东，莺阁残枝蝶趁风。

大抵西泠寒食路，桃花得气美人中。

胡晓明先生激赏末句,说:"请想一下,在暮春时节的西子湖畔,桃花已经快要凋残了,这时,忽然走来一位风流放诞、神光奕奕的女子,一下子将那奄奄欲死的桃花全都照回过神来,全都救活转来了!我们常常听说,人可以在大自然中采气、得气,但从未听见有人这样说:大自然也居然可以在人身上采气、得气。那么,说这话的人,该是何等的自负!"(《文化江南札记》)柔情侠骨,最能代表西湖的文化底蕴。

本书凡《西湖游览志》《西湖游览志余》,均省为《游览志》《游览志余》。开篇引文,均录自《游览志》,不一一标明了。有的引文后,还加一段译文,以括号框之,其他所引古今文字,均一一指明出处,以示不掠人美。失当之处,还望专家与读者指正。

在杭城建设跨过钱塘江东扩,由"三秋桂子,十里荷花"的杭州时代迈向更其壮阔的钱塘江时代时,我的这本小书,能不能算是另一种"梦寻"呢?"不会怀旧的社会注定沉闷、坠落,没有文化乡愁的心井注定是一口枯井。"董桥先生的话,虽然说得绝对,毕竟不是无根之谈。

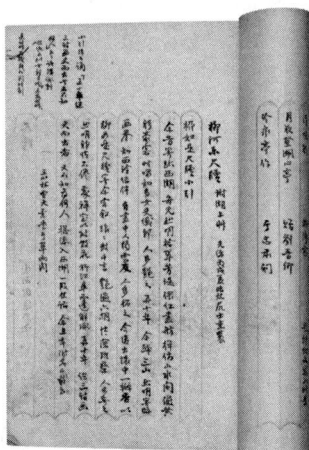

柳如是尺牍·湖上草

概况：溶溶漾漾年年绿

湖睡了
月光下，多年轻的一张脸
一条皱纹也没有
我的湖没有老去

杭 州 得 名

杭州之名，相传神禹治水，会诸侯于会稽，至此舍杭登陆，因名"禹杭"。至少康，封庶子无余于越，以主禹祀，又名"余杭"。秦置余杭县，隋置杭州。窃谓当神禹治水时，吴越之区，皆怀山襄陵之势，纵有平陆，非浮桥缘延，不可径渡，不得于此顾云"舍杭登陆"也。《说文》："杭者，方舟也。方舟者，并舟也。"……所谓"方舟"，殆今浮桥是也。盖神禹至此，溪壑萦回，造杭以渡，越人思之，且传其制，遂名"余杭"耳。

[杭州这个地名，相传夏禹王治水成功，在会稽（今浙江绍兴）跟列国首脑聚会，来到这里就丢开航（杭）船上岸，因此叫做"禹杭"。到了夏朝少康时期，少康把妃子生的儿子无余分封在越国，来主持对大禹的祭典，这就又叫做"余杭"。秦朝建置了余杭县，隋朝建置了杭州。我认为当夏禹王治水的时代，江苏、浙江这一带近海地区，都是丘陵，甚至连山岭也一齐沉浸在滔天大水之中，即使有些露出的高地，不靠浮桥连接，不可能一直渡过去，那就不能对这种情况，反而说什么"舍杭登陆"了。

白居易像　　　　苏轼像

《说文解字》上说："杭就是船连着船，船连着船就是船只结成帮。"这里说的"船连着船"，大概就是眼下的浮桥。原来大禹当时来到这一带，山溪山沟到处大水弥漫，他创设了船船相连的浮桥来渡过水面，古代越国人纪念这件事，并且把他的做法流传下来，所以这一带地名就叫做"余杭"呀。]

本文选于田汝成《西湖游览志余》首章《帝王都会》。

南宋吴自牧《梦粱录》又载：

杭城号武林，又曰钱塘，次称胥山。隋朝特创立此郡城，仅三十六里九十步。后武肃钱王发民丁与十三寨军卒增筑罗城，周围七十里许，……

[杭州城叫武林，又名钱塘，还

名胥山。隋朝特地建立这座郡城，但面积仅为三十六里九十步，后来武肃王钱镠（liú 音留）调遣民工与十三个营寨的士兵，增筑罗城，面积扩展到七十多里了，……]

有著述说，"武林"本名"虎林"，皆因古时"丛薄蒙密，异虎出焉"。唐代因避太祖李虎（唐高祖李渊的父亲）讳，改名"武林"（见南宋叶绍翁《四朝闻见录》）。但据《汉书·地理志》："武林山，武林水所出"，则汉代已有武林山的称呼了。真正避讳的是"钱塘"。秦置钱唐县，治所在今灵隐山下。唐代因避国号讳，改名钱塘。"胥山"即今吴山，相传当地人怜伍子胥以忠谏死，立祠于钱塘江边，所以才有这个名称。"罗城"，城外的大城。据《临安志》载："（钱）镠先筑夹城，周五十里有奇，后又筑罗城。"罗城从秦望山由夹城向东，横贯江干，直至钱塘江霍山范浦，周围七十里。因形似腰鼓，俗称"腰鼓城"。

《游览志余》中提到的"方舟"，不知怎么，会令人联想起《圣经》中的"诺亚方舟"，在"余杭"这艘"方舟"上，繁衍生息了坚忍智巧的人民，孕育了"天下无双"（借用龚自珍语）的山水，蒸腾着奇幻诡丽的诗文传说……

钱镠像

西 湖 沿 革

西湖，故明圣湖也，周绕三十里，三面环山，溪谷缕注，下有渊泉百道，潜而为湖。汉时，金牛见湖中，人言明圣之瑞，遂称明圣湖。以其介于钱唐也，又称钱唐湖。以其输委于下湖也，又称上湖。以其负郭而西也，故称西湖云。

西湖诸山之脉，皆宗天目，天目西去府治一百七十里，高三千九百丈，周广五百五十里。蜿蟺东来，凌深拔峭，舒冈布麓，若翔若舞，萃于钱唐，而崷崒于天竺。……

六朝以前，史籍莫考。虽《水经》

有明圣之号，天竺有灵运之亭，飞来有慧理之塔，孤山有天嘉之桧，然华艳之迹，题咏之篇，寥落莫睹。逮于中唐，而经理渐著。代宗时，李泌刺史杭州，悯市民苦江水之卤恶也，开六井，凿阴窦，引湖水以灌之，民赖其利。长庆初，白乐天重修六井，甃函、笕以蓄泄湖水，溉沿河之田。……湖中有无税田十数顷，湖浅则田出。有田者率盗决以利其私田，故函、笕非灌田时，并须封闭，漏泄者罪坐所由，即湖水常盈，蓄泄无患矣。

吴越王时，湖葑蔓合，乃置撩兵千人，以芟草浚泉。又引湖水为涌金池，以入运河。而城郭内外，增建佛庐者

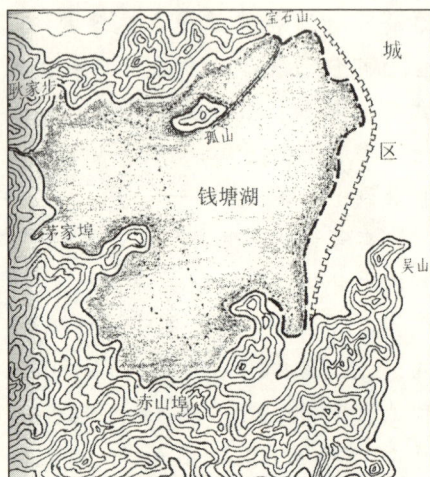

隋唐时期的西湖示意图

以百数。盖其时偏安一隅，财力殷阜，故兴作自由。

宋初，湖渐淤壅。景德四年，郡守王济增置斗门，以防溃溢，而僧、民规占者，已去其半。

天禧中，王钦若奏以西湖为放生池，祝延圣寿，禁民采捕。自是湖葑益塞。庆历初，郡守郑戬复开浚之。嘉祐间，沈文通守郡，作南井于美俗坊，亦湖水之余派也。元祐五年，苏轼守郡，上言："杭州之有西湖，如人之有眉目也。……更二十年，则无西湖也。臣愚以为西湖不可废者五（略）。"……朝议从之。乃取葑泥积湖中，南北径十余里，为长堤以通行者。募人种菱取息，以备修湖之费。自是西湖大展。至绍兴建都，生齿日富。湖山表里，点

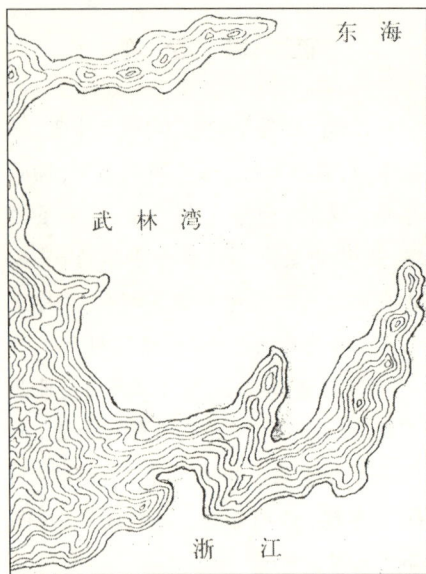

古代武林湾与江海示意图

唐代以来湖山一览图

饰浸繁。离宫别墅，梵宇仙居，舞榭歌楼，彤碧辉列，丰媚极矣。……其时君相淫佚，荒恢复之谋。论者皆以西湖为尤物破国，比之西施云。

元惩宋辙，废而不治，兼政无纲纪，任民规窃，尽为桑田。国初籍之，遂起额税。苏堤以西，高者为田，低者为荡，阡陌纵横，鳞次作久，曾不容舠，苏堤以东，萦流若带。

宣统、正德间，治化隆洽，朝野怡熙，长民者稍稍搜剔古迹，粉绘太平。

或倡浚湖之议，惮更版籍，竟致阁寝。嗣是都御史刘敷、御史吴文元等，咸有题请，而浮议蜂起，有力者百计阻之。成化十年，郡守胡濬，稍辟外湖。十七年，御史谢秉中、布政史刘璋、按察史杨继宗等，清理续占。弘治十二年，御史吴一贯修筑石闸，渐有端绪矣。正德三年，郡守杨孟瑛，锐情恢拓，力排群议，言于御史车梁、金事高江，上疏请之，以为西湖当开者五（略）……部议报可，乃以是年二月兴工。先是，郡人通政何琮，常绘西湖二图，并著其说。故温甫得以其概上请。……自是西湖始复唐、宋之旧。

盖自乐天之后，二百岁而得子瞻；子瞻之后，四百岁而得温甫。迩来官司禁约浸弛，豪民颇有侵围为业者。夫陂堤川泽，易废难兴，与其浩费于已隳，孰若旋修于将坏？况西湖者，形胜关乎郡城，余波润于下邑，岂直为鱼鸟之薮、游览之娱，若苏子"眉目"之喻哉！

[西湖就是原来的明圣湖。绕湖一圈有三十里长，三面都有山围绕着。山溪山沟，一条条往下淌，湖底又有许多泉眼在冒水，大量的水积蓄起来，成为一片湖。汉朝时，湖里曾经出现过一头金牛，人们都说这是圣明天子的祥瑞，就把它叫做明圣湖。它位置在钱唐地区，又叫做钱唐湖。因为它把湖水输送到下湖，就又叫做上湖。它邻近州城并且在州城的西边，所以被叫做西湖。

西湖外围许多山的山脉，都是从天目山发展出来。天目山离开府城西边一百七十里，高三千九百丈，方圆五百五十里。宛宛转转地向东方伸展过来，越过山谷，拔起山尖，延伸出一座座山冈，铺开了一处处山脚，像在飞翔，像在舞蹈，聚集到杭州这一带，高高地凸起天竺山的山峰。

六朝以前，我们从历史记载上查考不到什么。虽说《水经》有明圣湖这个湖名，天竺山上曾留下谢灵运的亭子，飞来峰边有慧理长老的坟塔，孤山上有天嘉（560—565）年间的桧树，可是华美艳丽的遗迹、题写吟咏的篇章，却冷落得很，一点也看不到了。

等到唐朝中期，西湖的经营管理才逐渐显著了起来。代宗时（763—779），李泌担任杭州刺史，因为同情居民们饮用咸水的困苦，开凿了六口淡水井，挖成阴沟，把西湖的清水引

白居易像

白居易治理西湖事迹图

灌进去，老百姓都享受到福利。长庆（821—824）初年，白居易重新修理了六井，用砖头和竹管修筑函、笕工程，让湖水既能积蓄起来，又能排泄出去，用来灌溉沿河的大片田地。……当时，湖里有不收钱粮的田地几十顷，湖水低落，这些田地就显露出来。占有这些田地的人经常偷偷地开渠放水，让他们的私田得到好处。所以函、笕工程在田地不需要灌溉时必须一齐封闭起来，私自放水的按情节办罪。这样，西湖的水总是满满的，不会发生旱涝的灾情了。

吴越国王的时期，西湖里的菰草蔓延塞满，就安排了上千名撩兵，来割除菰草、疏浚泉眼。又把西湖的水引出去成为涌金池，一直通到运河。同时，城里城外添造了上百座寺院。由于当时这一地区还算安定，财力物力都很充足，所以想造什么就随意建造什么。

宋朝初年，西湖逐渐地淤塞起来。景德四年（1007），杭州知府王济添设了一些斗门，用来防止湖水向外漫出。同时，和尚、农民划界私占的已经减去了一半。天禧（1017—1021）年间，杭州监州王钦若奏请，把西湖作为放生池，可以为皇帝延年益寿，禁止老百姓在湖里采菱捕鱼。从此，西湖里的菰草越塞越满了。庆历（1041—1048）初年，知府郑戬（jiǎn音检）重新疏浚了西湖。嘉祐（1056—1063）年间，沈文通做知府，在美俗坊开凿了一口淡水井，这也是湖水的一个小支流。元祐五年（1090），苏轼来做知府，上奏说："杭州能有西湖，就好比人有眉毛眼睛啊，……再过二十年，西湖就不存在了。我这下臣不聪明地认为，西湖有五条不可荒废的理由。……"朝廷经过讨论，批准了他的请求。他就把夹带着菰草的淤泥在湖里堆垛成一长条，从南到北笔直的有十几里长，筑成一道湖中之堤，便利行人来往。又招募附近农民种植鲜菱收取租息，作为维修湖面的经费。从此，西湖的规模大大地扩展。等到南宋绍兴（1131—1162）年间，在杭州建立都城，居民一天比一天增多。外边的湖，里边的山，点缀装饰得越来越繁华。离宫、别墅、佛寺、道观、舞台、歌楼，油漆得金碧辉煌，兴旺靓丽到了极致。……那时皇帝和大臣们一味地荒淫享乐，把收复北方失地的大事抛在脑后。评论家都把西湖看做败坏国

事的妖冶的女人，将西湖与西施相比。

元朝人看到宋朝的前车之鉴，不来整理西湖，任其荒废。加上政策上没有规定，听凭农民划区私占，湖面上都成了桑园农田。本朝（明朝）初年，把这些田地登记下来，订出收税的定额。苏堤西边，高地都是农田，低处都是草荡，田埂横七竖八，密集的耕种作业，弄得湖里连条小划子也容不下。苏堤东边，湖面上只是一湾流水，像条腰带。

宣德（1429—1435）、正统（1436—1449）年间，政治教化隆盛融洽，朝廷和民间都欢乐安闲，地方长官逐渐地搜寻古迹，粉饰太平。曾有人提过疏浚西湖的建议，但又害怕改动田亩登记，结果还是搁置下来。后来，都御史刘敷、御史吴文元等人，都有奏章呈请，可是不同意见纷纷出来，掌权的人又千方百计阻挠。成化十年（1474），知府胡濬，稍微对外湖进行了开挖。十七年（1481），御史谢秉中、布政史刘璋、按察史杨继宗等人，对继续被侵占的湖田加以清理。弘治十二年（1499），御史吴一贯修筑了石头水闸门，渐渐整修得有些头绪。正德三年（1508），知府杨孟瑛，下大决心来恢复开拓，竭力排除众人反对的意见，向御史车梁、佥事高江进言，请他们上奏章申请整治西湖，认为西湖修拓有五条理由……工部研究后批复照准，就在当年二月正式动工。

苏轼雕像

在这以前，杭州本地人通政使何琢，曾经绘制过两幅西湖设计图，并且附有详细的说明。所以杨孟瑛能够利用他的主见向朝廷呈请。……从此西湖才得以恢复唐、宋原有的规模。

原来从白居易以后，过了两百年才有了个苏轼；苏轼之后，过了四百年才有了个杨孟瑛。近年以来，官府的禁令逐渐有些放松，有势力的人很有些圈湖侵占霸为私产的。应该知道，陂塘堤坝、河流湖泊，总是破坏起来容易，兴建起来困难，与其在已经破坏以后才来大费人力物力，哪里及得上在还没败坏之前就及时收拾。何况西湖这一片，在地理形势上跟杭州大有关系，在水利上对附近农田大有好处，难道仅仅是飞鸟游鱼的渊薮、人们游览玩赏的地方，像苏轼说过的"杭州能有西湖，就好比人有眉毛眼睛"的比喻那样吗？〕

本文是明人田汝成《西湖游览志·西湖总叙》的节选。现再将其中一些词汇略作注释。"蜿蟺(shàn音善)"：宛曲。"嶙崒(qiú zú音茜族)"：聚集。"甃(zhòu音皱)"：用砖砌之义。"函"：封套，此处指石函。西湖又有"石函湖"之称。"笕(jiǎn音检)"：引水的长竹管。"芟(shān音山)"：割(草)。"温甫"：即杨孟瑛，字温甫。

此文材料富赡、脉络清晰，可见风光旖旎，偏多劫难，若非有识之士的百般呵护、多方疏浚，即便没有人为的破坏，西湖也必受自然之淘汰矣。西子红颜薄命，西湖却实属万幸。如果不是诸多前贤有"陂堤川泽，易废难兴"的卓识，与杭民共同努力，杭州怎么会有"人间天堂"的美称？我们当珍惜这一泓永不干涸的遗泽。海外华裔女作家李黎的诗句，表达了中华儿女的欣慰：

湖睡了
月光下，多年轻的一张脸
一条皱纹也没有
我的湖没有老去

湖上：淡妆浓抹总相宜

西湖湖上水初生，
重叠春山接郡城。
记得扁舟载春酒，
满身花影听啼莺。

平湖秋月

平湖秋月在白堤西端，背依孤山，此处据全湖之胜。清人李卫主修的《西湖志》载：

西湖十景，首平湖秋月。盖湖际秋而益澄，月至秋而逾洁，合水、月以观，而全湖之精神始出也。……每当秋清气爽，水痕初收，皓魄中天，千顷一碧，恍置身琼楼玉宇，不复知为人间世矣。

最早写西湖月色的，自然是白居易的"松排山面千重翠，月点波心一颗珠"了。以后佳什叠出，如南宋王洧《平湖秋月》：

万顷寒光一夕铺，冰轮行处片云无。
鹫峰遥度西风冷，桂子纷纷点玉壶。

元初尹廷高的《平湖秋月》：

烂银盘挂六桥东，色贯玻璃彻底空。
千顷清光无着处，夜深分付与渔翁。

明人董斯张的《夜泛西湖》：

放棹西湖月满衣，千山晕碧秋烟微。
二更水鸟不知宿，还向望湖亭上飞。

清人周起渭的《西湖夜泛》：

天边明月光难并，人世西湖景不同。
若把西湖比明月，湖心亭是广寒宫。

宋代此景，本无一定之地。清时欲求其地以实之，乃于明代望湖亭故址，指为此景所在，康熙还御题"平湖秋月"匾额，后人又勒石建亭于此，景点得以固定。亭内旧有一副集句联，召唤天下游人：

欲把西湖比西子；
更邀明月说明年。

其实，我们更倾向于宋代的随意，凡秋月照临处，无处不有此景。清人沈金生的《夜泛西湖》，便有这种境界：

飞飞小艇欲凌空，花港西头柳

浪东。

消受水晶宫世界，三更明月五更风。

"花港观鱼"、"柳浪闻莺"，一在湖西，一在湖东，但都在外西湖，离"平湖秋月"景点很远。当然，准确地讲，第二句应改为"柳浪西头花港东"。

断 桥 残 雪

断桥，本名宝祐桥，自唐时呼为断桥。张祜诗云"断桥荒藓合"是也。岂以孤山之路至此而断，故名之欤？元时钱惟善《竹枝词》，有段家桥之名，闻者哂之，以为杜撰。然杨、萨诸诗，往往亦称"段桥"，未可谓无证也。姑两存之。桥堤烟柳葱青，露草芊绵，望如裙带。白乐天诗："望海楼明照曙霞，护江堤白蹋晴沙。涛声夜入伍员庙，柳色春藏苏小家。红袖织绫夸柿蒂，青旗沽酒趁梨花。谁开湖寺西南路？草绿裙腰一道斜。"

[断桥，本来叫做宝祐桥，从唐朝起就管它叫断桥。张祜的诗句"断桥荒藓合"，就是这样称呼的。莫非因为孤山的出路到这儿断了，所以取了这个名字吗？元朝时，钱惟善写

的《竹枝词》里有"段家桥"的称呼，听到的人都笑话他，以为是他凭空写来。但是杨维桢、萨都剌的诗中，也常常称"段桥"，不好说没有旁证。姑且让这两种写法并存吧。断桥一带堤岸上，含烟的杨柳一派青葱，带露的野草连绵不断，远远望去，像是一条绿罗裙的带子。白乐天的诗写道（诗略）。]

白诗题为《杭州春望》，现略作注析。"望海楼"，作者原注："城东楼名望海楼。"楼在凤凰山腰。东坡有《望海楼晚景》（其一）："海上涛头一线来，楼前指顾雪成堆。从今潮上君须上，更看银山二十回。""护江堤"：杭州东南钱塘江岸防备海潮的长堤。"蹋"作踏。一望一踏，看钱江入海，自有天宇开阔、生生不息的气象。由钱塘江潮想起，这是伍子胥的忠魂驱涛所致。伍子胥的英灵时显江中，苏小小的春色常留湖上。香山（白居易号香山居士）作为一代文豪，并不像某些文人一样，只爱一鹤一梅、一山一石，自命高雅。他的卓见在于不避尘俗，敏锐地感受到因城市经济发达、市民趣味高涨而显现的世俗风情之美，并以浓酣的笔墨，描绘这世俗化的画面："红袖织绫夸柿蒂，青旗沽酒趁梨花。""红袖"指红绫女子，"柿蒂"指绫的花纹。蒂原指瓜果与枝

茎相接的部分。作者自注:"杭州出柿蒂者尤佳也。"在封建社会,纺织业的发展往往是经济发达的重要标志。香山拈出新式花纹的绫罗,不可不谓别具只眼、高人一筹。后人写杭州"市列珠玑,户盈罗绮"、"纨绮风来扑面香",当由此而来。青旗指酒旗,原注:"其俗,酿酒趁梨花时熟,号'梨花春'。"此句写梨花开时饮梨花酒,一语双关,花光酒气,春色鬓影,游人焉得不醉!尾联"西南路"指由断桥向西往湖中孤山堤,沿堤花草满路,"草绿时,望如裙腰。"(作者原注)堤柳笼烟,芳草芊绵,由"裙腰"又可联想到此地历来仕女如云。杭城春色,于此补足矣!

《游览志》中所记钱惟善、杨维桢、萨都剌诗称"段桥",查钱惟善有"阿姨近居段家桥,山如蛾眉柳如腰",杨维桢有"下马题诗岳王寺,解貂沽酒段家桥",又有"段家桥头猩色酒"。但查萨都剌所著《雁门集》,其《城南偶兴》(其二)有"断桥芳草生合路,隔水杨花飞度城",未见称"段桥"者,可能其诗已佚,或田氏所见另有别本。倒是元人张翥(zhù音住),有"段桥春水绿初柔"之句。另《成化杭州府志》中也有"成化十年(1474)知府李端修段家桥"的记载。

断桥的起名,除孤山之路至此而断,或以"段桥"讹为断桥外,还有一个富于诗意的说法:雪后初晴,桥顶上的积雪先融,露出黑黝黝的一段。桥塊两边,地势低下,依旧白雪皑皑。由湖上望去,中间黑,两头白,好像桥断了一截,故名断桥。这便衍生了"西湖十景"之一的"断桥残雪"。清代李卫主修的《西湖志》,于此景描述最详:

断桥之胜,在春水初生,画桥倒映,带以残雪,则恍朗生姿,故以"残雪"称。孤山则兀峙水中,后带葛岭,高低层叠,朔雪平铺,日光初照,与全湖波光相激射,璀璨夺目,故以"霁雪"胜。

元代"钱塘八景"中,已有"孤山霁雪"。值得一提的,还有明人马浩澜《南乡子·断桥残雪》句:"红日渐高风渐暖,旋消,添作春波送画桡。"清人袁香亭《湖楼观雪》诗中的一联:"压白万山巅,衬黑一湖水。"

"添作春波送画桡",断桥春景,也十分迷人。香山诗中已见。袁宏道《西湖记述》云:

望湖亭即断桥一带,堤甚工致,比苏堤尤美。夹道种绯桃、垂柳、芙蓉、山茶之属二十余种。堤边白石砌如

雷峰夕照

玉，布地皆软沙。

李流芳《断桥春望》记：

往时至湖上，从断桥一望，便魂销欲绝。还谓所知（游后对好友说）："湖之潋滟熹微，大约如晨光之着树，明月之入庐。盖山水相映发，他处即有澄波巨浸，不及也。"

断桥之所以出名，更因为它是一座鹊桥，《西湖竹枝词》多次提到，如"楼船无柁似郎意，断桥有柱是侬心"（杨维桢）、"与郎暗约断桥西，早起妆楼欲下梯"（明·吴本泰）。明人胡潜词云：

十里荷花锦作堤，郎舟旧在断桥西。

妾家住熟孤山径，梦里寻郎路不迷。

当然，人们最津津乐道的，是白娘子与许宣的一段爱情悲剧。他们在断桥相遇,白娘子借伞传情,与许宣开始了幽会,终于拜堂成亲。她只晓得天上情,不懂得人间法,没有顾虑计较,没有试试玩玩,爱上了就是爱上了。然而法海禅师却横插一杠,怂恿许宣在端午节让白娘子喝下雄黄酒。酒醉之余,白娘子不慎显形,吓死了许宣。为救丈夫,白娘子去仙都昆仑山盗仙草,险些丢掉了性命。许宣得救后,竟又怯懦地去金山寺找法海。白娘子与小青水漫金山,想要回许宣。法海从玉皇大帝处借兵,白娘子败北西逃,又在断桥与离开金山寺的许宣邂逅,小青怒不可遏,要杀许宣,却被善良的白娘子劝阻。痴情的白娘子啊,你怎么会想到,正是被你信为无辜的许郎,会残忍地加害于你,亲手合钵,让你与小青永镇雷峰塔下呢?以致陈寅恪先生诗曰:"惟有深情白娘子,最知人类负心多。"他用了"人类"一词,包括了多少不可言说的透骨悲凉!法海还留下一偈:"雷峰塔倒,西湖水干。江潮不起,白娘出世。"

故事发生在南宋绍兴年间。近八百年后,公元1924年9月25日下午,雷峰塔轰然倒塌了。鲁迅先生为之写下了《论雷峰塔的倒掉》:

现在,他居然倒掉了,则普天之下的人民,其欣喜为何如?这是有事实可证的。试到吴越的山间海滨,探听民意去。凡有田夫野民、蚕妇村氓,除了几个脑髓里有点贵恙的之外,可有谁不为白娘子抱不平,不怪法海太多事的?

和尚本应该只管自己念经,白蛇自迷许宣,许宣自娶妖怪,和别人有什么相干呢?他偏放下经卷,要来招是搬非,大约是怀着嫉妒罢——那简直是一定的。听说,后来玉皇大帝也就怪法海多事,以至荼毒生灵,想要拿办他了。他逃来逃去,终于逃到蟹壳里避祸,不敢再出来,到现在还如此。……

秋高稻熟时节,吴越间所多的是螃蟹,煮到通红之后,无论取那一只,揭开背壳来,里面就有黄,有膏;倘有雌的,就有石榴子一般鲜红的子。先将这些吃完,即一定露出一个圆锥形的薄膜,再用小刀小心地沿着锥底切下,取出,翻转,使里面向外,只要不破,便变成一个罗汉模样的东西,有头脸,身子,是坐着的,我们那里的小孩子都称他"蟹和尚",就是躲在里面避难的法海。

当初,白蛇娘娘压在塔底下,法海禅师躲在蟹壳里。现在却只有这位老禅师独自坐了,非到螃蟹断种的那一天为止出不来。莫非他造塔的时候,竟没有想到塔是终究要倒的么?

活该!

西 泠

西泠桥，一名西林桥，又名西陵桥。从此可往北山者。

《游览志》并引刘邦彦诗："白鸥遥待酒船来，芳草汀洲去复回。为惜杏花寒勒住，西泠昨夜一枝开。"

袁宏道《西湖记述》云：

西陵桥一名西林，一名西泠，或曰即苏小小结同心处也。余因作诗吊之。方子公曰："数声渔笛知何处？疑在西泠第一桥。"陵作泠，苏小恐误。余曰：管不得，只是西陵便好。且白公《断桥》诗有云："柳色春藏苏小家。"断桥去此不远，岂不可借作西陵故实邪？

"西泠桥"在北山山麓与孤山之间，宋代以前，还是一个渡口，叫"西村唤渡处"。相传苏小小写过一首诗："妾乘油壁车，郎骑青骢马。何处结同心，西陵松柏下。""方子公"为明代新安人。袁宏道是说，有人见了方子公的诗，认为"陵"字应作"泠"字，苏小小恐怕写错了字。照我说，管不得这么多，只当它是西陵好了。况且白居易《断桥》诗里说："柳色春藏苏小家。"断桥离这里不远，难道不好借来作为西泠桥的典故吗？

明人高濂《四时幽赏录》有《西泠桥畔醉红树》一文，提到："中有枫柏数株，秋来霜红雾紫，点缀成林，影醉夕阳，鲜艳夺目。"

不知怎么，我总觉得有几首诗词，主要是写西泠一带的。大概受了弁阳老人(周密)的词"看画船尽入西村，闲却半湖春色"的影响吧。周词是说：游人泛舟，一般先外湖后里湖，到了中午，船便纷纷汇集西泠桥畔，依次过桥

吴山明《西泠秋韵》图

入里湖。

一为明人史鉴的《寄杭州友人》：

西湖湖上水初生，重叠春山接郡城。

记得扁舟载春酒，满身花影听啼莺。

一为南宋俞国宝的《风入松》：

一春长费买花钱，日日醉湖边。玉骢惯识西湖路，骄嘶过、沽酒楼前。红杏香中歌舞，绿杨影里秋千。

暖风十里丽人天，花压鬓云偏。画船载取春归去，余情付、湖水湖烟。明日重扶残醉，来寻陌上花钿。

关于此词，还有一段掌故。据周密《武林旧事》载：

一日，御舟经断桥，桥边有小酒肆，颇雅洁，中饰素屏，书《风入松》一词于上。光尧（宋高宗赵构）驻目，称赏久之，宣问何人所作。乃太学生俞国宝醉笔也。……上笑曰："此词甚好，但末句未免儒酸。"因为改定云："明日重扶残醉。"则迥不同矣。即日命解褐云。

此词末句原为"明日重扶残酒"，

而太上皇赵构改"酒"为"醉"，并给作者解褐(hè音贺，粗布衣服)授官。

自隆兴二年(1164)宋、金签订和议后三十年间，双方无重大战事。这首词，是歌舞升平的点缀，也是醉生梦死的写照。上片极写游乐。"玉骢"：毛色青白相间的良马。"玉骢惯识西湖路"，证明这种游乐久而有之，也为"日日醉湖边"作衬。下片专写靓妆炫服、满头珠翠的仕女出游。"丽人天"化自杜甫"三月三日天气新，长安水边多丽人"。"画船载取春归去"中的"春"，既是"十里丽人"饱把的春色，也是"十里丽人"本身的香艳。"余情"句兴象渺远、凄迷，回首湖中，烟水茫茫，那里有他美好的回忆、无穷的依恋。结拍二句，本写"残酒"，正符合尚未脱去粗布衣服的太学生的清寒身份，改为"残醉"，以醉笔始，以醉笔终，则是宋高宗粉饰太平的需要。末句从刘禹锡的"月落乌啼云雨散，游童陌上拾花钿"(《踏歌词》)化出，补足游兴。

南宋道士李德真的《武林春游即事》，仿佛是对这首词的微讽婉刺：

风光如此莫伤春，云树烟花一色新。

杜宇不啼真解事，帝乡谁是肯归人？

灵隐、天竺诸山总称武林山,这里代指杭州。杜鹃的叫声近似"不如归去"。这里说:杜宇(杜鹃)在这里也很懂事地不再啼叫了,偌大一个帝乡(临安),谁还会想到回归北方沦陷的土地呢?意外之意是:更不用谈收复失地了。

南宋士人林升的《题临安邸》,也写西湖之"醉",更是针锋相对,入木三分:

山外青山楼外楼,西湖歌舞几时休?

暖风熏得游人醉,直把杭州作汴州。

孤 山(一)

孤山,岿介湖中,碧波环绕,胜绝诸山。唐、宋间,楼阁参差,弥布椒麓。唐张祐诗:"楼台耸碧岑,一径入湖心。不雨山常润,无云水自阴。断桥荒藓合,空院落花深。犹忆西窗月,钟声出北林。"白乐天《西湖晚归回望孤山寺赠客诗》:"柳湖松岛莲花寺,晚动归桡出道场。卢橘子低山雨重,棕榈叶战水风凉。烟波淡荡摇空碧,楼殿参差倚夕阳。到岸请君回首望,蓬莱宫在水中央。"……林君复

《孤山寺》诗:"低处凭栏思渺然,孤山塔后阁西偏。阴况画轴林间寺,零落棋枰葑上田。秋景有时飞独鸟,夕阳无事起寒烟。迟归更爱吾庐近,只待重来看雪天。"

"岿(kuī 音盔)介":岿然独立。岿,高峻的样子。"椒麓":山巅与山脚。"碧岑":草色一碧的小山。"柳湖":西湖,湖上多垂柳。"松岛",指孤山,山上多松。"莲花寺":孤山寺,因其湖莲极盛。"林君复":北宋诗人林逋,字君复。此处所引诗,稍有出入。林逋诗题为《孤山寺端上人房写望》:

底处凭阑思渺然?孤山塔后阁西偏。

阴沉画轴林间寺,零落棋枰葑上田。

秋景有时飞独鸟,夕阳无事起寒烟。

迟留更爱吾庐近,只待重来看雪天。

林逋隐居孤山,山上有孤山寺。本诗写一个秋日的黄昏,诗人在孤山寺端上人(上人,和尚的尊称)的房间饱览风景。房间在何处(底处)呢?孤山寺塔后有一座阁,房间就在阁的西边。偏,边。暮色苍茫中,望林间寺庙,暗淡得

洪亮　中国风——江南文化系列丛书

和靖咏梅

就像一帧褪了颜色的画。菰:菰根,即茭白根。苏东坡后来疏浚西湖,挖除菰草,有诗曰:"忽惊二十五万丈,老菰席卷苍烟空。""菰上田",又称架田,在木框上安着菰泥,浮于水面。这句是说水面上零零星星地飘荡着一块块架田,犹如棋盘上的方格。枰,棋盘。此时夜幕将临,农夫们已荷锄归家,鸟儿也纷纷返巢了。还有一只伶仃的鸟,大概也在匆匆往回赶吧。全诗展现的正是端上人日日置身其间的那个幽深清寂的环境,也映衬出这位高僧潇洒尘外的怡静心境。末二句说:我迟迟逗留着,舍不得回去。今日之游,使我更加喜爱这个地方了,因为它与我的庐舍很近。近,

我得以迟归,又得以常来。等到雪花飘落时,我还要来这里观赏另一番景致呢。

诗的三四句(颔联)历来受人激赏,仿效的诗句也多,如滕岑《游西湖》:"何人为展古画幅,尘暗缣绡浓淡间。"程孟阳"古寺正如昏壁画"、文同"秋田沟垅如棋局"、黄庭坚"田似围棋据一枰"等。

林逋的名气,自然又比端上人大,与孤山结下不解之缘,甚至可以说是孤山的化身了。《游览志余》记:

林逋,字君复,钱唐人。少刻志学问,放浪江淮,归隐西湖孤山。真宗闻其名,赐号"和靖处士",诏长吏岁时

林和靖像

劳问。逋善行草，为诗孤峭澄淡，居西湖二十年，未尝入城市。……蓄二鹤，晓纵之云霄，暮自入樊。时泛小舟，游西湖诸僧寺。客至，童子放鹤为候，遄棹舟归。

[林逋，字君复，钱塘人。早年刻苦钻研学问，遨游江、淮之间。返归杭州后，就在西湖孤山北麓结庐隐居。宋真宗闻其名声，就下诏令地方长官每年前去看望慰问。林逋擅书行草，他写的诗，孤峭澄淡，在西湖住了二十年，从来没有进过城市。……养了两只鹤，清晨放它们飞入云天，黄昏时，它们自己会回到笼中。林逋常常坐着小舟，游西湖诸多寺院。如果有客人来孤山访问他，他的童子就会把鹤放飞出去，以为信号，林逋看到后，便掉转船头回来。]

《游览志余》还录了林逋几首咏梅诗，而且妙句往往都在颔联，如"疏影横斜水清浅，暗香浮动月黄昏"、"雪后园林才半树，水边篱落忽横枝"、"池水倒窥疏影动，屋檐斜入一枝低"……

张岱《西湖梦寻·孤山》引了《游览志余》，还录了林逋的临终绝句：

湖外青山对结庐，坟前修竹亦萧疏。

茂陵他日求遗稿，犹喜曾无封禅书。

林逋这首诗题为《书寿堂壁》，今本"湖外青山"为"湖上青山"。

"茂陵"：汉武帝陵墓，此处代指其人。《汉书·司马相如传》：司马相如病危，汉武帝派人去收集他的遗稿，及至，相如已死，只留下一卷谈封禅的书，歌颂汉皇功德，建议举行"封禅"大典。封禅：古代帝王祭天地的典礼。在泰山上筑土为坛祭天，称为封；在泰山下梁父山上辟场祭地，称为禅。

林诗一二句，从"结庐"、"坟前"落笔，由生前写到身后，概括了自己"萧疏"的一生。三四句借古喻今，表示自己决不屑于像司马相如那样希宠求荣。所谓"喻今"，就是有现实的针对性。

景德元年(1004)，辽承天皇太后、辽圣宗大举侵犯，回避了对一些城市的攻坚，直趋黄河岸边的澶渊(今河南濮阳附近)，逼近汴京(今河南开封)。宋廷一片慌乱，大臣王钦若主张迁都升州(今江苏南京)，陈尧叟主张迁都益州(今四川成都)。真宗举棋不定。新任宰相寇准朗声曰："何人为陛下画此策？臣意请先斩此人，取血衅鼓，然后北征！"力请真宗亲临前线，以振士气。真宗进入澶州南城后，复又畏敌，寇准正色道："陛下只可进尺，不可退寸，河北诸军，日夜望銮舆到来，并力对敌，若回辇数步，万众失望，势必瓦解，虏骑随后追蹑，恐怕升州也不能到了。"于是

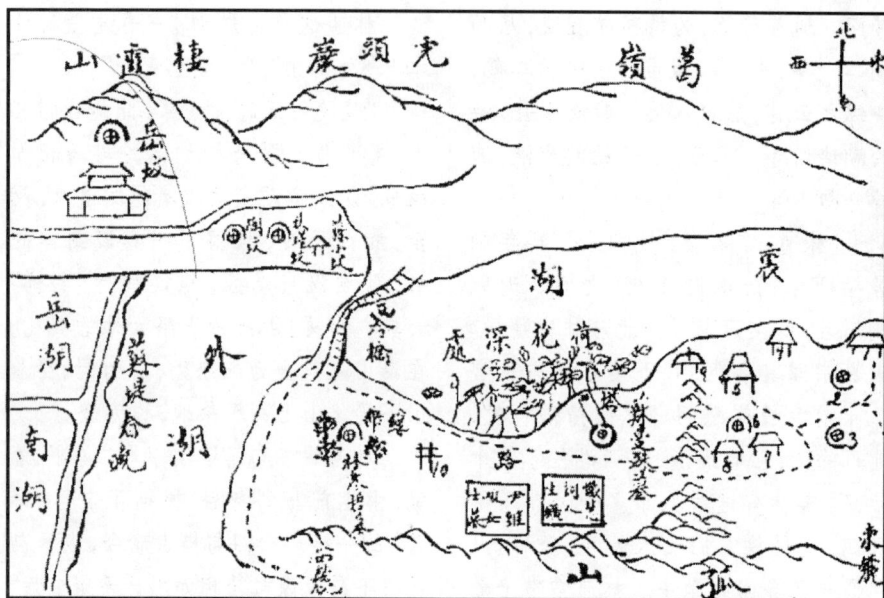

民国《孤山名人墓葬示意图》

渡河，驻跸澶州北城。宋军略占上风，契丹求和，真宗顺水推舟，于是在当年十二月与辽国订立了"澶渊之盟"：宋以辽承天后为叔母，每年向辽输银十万两、绢二十万匹。两国保持了一段相对平静的时期。危机过后，衔恨的王钦若转而攻击寇准，说他把真宗当作"孤注"一掷，订立耻辱的"城下之盟"。真宗也没有"雅量"，想起寇准对自己的种种"不恭"语气，于是罢免了寇准。又因王钦若鼓动，尚以澶渊之事，引为己辱，平居怏怏不乐。王钦若窥测帝意，称神仙托梦，希望真宗去泰山封禅，以求天佑，重振国威。下面一些佞臣还制造了"天书降临"的把戏，用一块黄绸子写些蝌蚪文，缚于皇宫左承天门南鸱尾上。于是文武百官，率各级官吏、将校、僧道、耆老数万人，上表请真宗封禅，可谓举国若狂。真宗率众花了十七天时间，赶到泰山，举行封禅大典。数不清的文人呈献谀文，以此换取官位，一些隐士也就征出山，东封西祀，无不随从。一时间，怪力乱神充塞言路，阿谀奉迎竟成时尚。

张岱不录林逋那首"疏影横斜"的著名咏梅诗，偏选这首绝句，更能反映林逋数召不就、不留谀文的清介品性，也用以自励。还在文末附了卓敬

清代孤山行宫图

的《孤山种梅》诗：

  风流东阁题诗客，潇洒西湖处士家。

  雪冷江深无梦到，自锄明月种梅花。

  首句指南朝诗人何逊。杜甫诗曰："东阁官梅动诗兴，还如何逊在扬州。"末句为南宋刘翰诗，也有卓敬自己的影子。卓敬为明洪武进士。燕王朱棣起兵，敬被执，棣遣人劝其出仕，敬不从。棣乃诛敬并夷其三族。看来，对于决意不仕之人，封建王朝是越来越残暴了。真宗知林逋高节，不肯就征，还"诏长吏岁时劳问"，逋虽然不领情，死后还被谥为"和靖先生"。真宗还有装点门面的意思。

  林逋种梅，并不纯为风雅，也是为了生计。在孤山一共种了三百六十余株梅树，其数恰与一年之中的日子相类。每当梅子成熟，诗人就杜门谢客，采摘梅子，分成三百六十余包，每售一包，即为一日的生活费用。后人出于对他的敬慕，往往在孤山补种梅花。于谦、张岱都种过。特别是林则徐，种梅数百株，又捐俸金修缮林逋故居，并题楹联一副：

我愧家风输鹤梅；

山有名花转不孤。

孤山并不高，从自然景观上说，胜者不以山而以湖；从人文景观上说，自然离不开林逋了，可谓山以人名。

宋亡后，元僧杨琏真伽曾盗发林逋之墓，棺中惟遗一支玉簪和一方端砚。时人因有一联：

生前不系黄金带；

死后空余白玉簪。

孤　山（二）

林逋终身不仕，也终身不娶，人称"梅妻鹤子"。引得袁宏道在《孤山》一文中发了一通议论：

孤山处士，妻梅子鹤，是世间第一种便宜人。我辈只为有了妻子，便惹许多闲事，撇之不得，傍之可厌，如衣（穿）败絮行荆棘中，步步牵挂。

但林逋的《长相思》词，却展示了这位隐居高士内心世界中的一片芳草地：

吴山青，越山青。两岸青山相送迎，谁知离别情？

君泪盈，妾泪盈。罗带同心结未成，江头潮已平。

吴山泛指钱塘江北岸的山，因其地古时属吴国，故名。越山泛指钱塘江以南、绍兴以北的山，因其地古时属越国，故名。词以"吴山青，越山青"对举，濡染出钱塘江两岸葱郁的风光，由此起兴。吴山、越山，年年岁岁，对江上行舟迎来送往，于人间的聚散离合早已司空见惯。"谁知"二字，含愤既烈，寄怨亦深，用拟人手法，向亘古如斯的青山发出嗔怨，使感情色彩由轻盈转向深沉。

过片"君泪盈，妾泪盈"，正与"吴山青，越山青"对应，一为碧无情，一为恨有声。"罗带同心结未成"道出了"谁知"一句怨愤的原因。古时男女通情，常以香罗带编织成菱形连环回文，称"同心结"，送给对方作为信物，以示彼此"同心"，至死不渝。而今，"罗带同心结未成"，正暗示他们的爱情横遭不幸，结合无望，将一别永诀，只能各自带着心头的累累创伤，风波险阻，天涯飘零。

上片怨青山，下片恨江潮。最可恼的是，正当两人痛伤永别时，不知趣的江水却悄悄涨到与江岸相平的程度，说明启航在即，分手在即。小词至此，戛然而止，只留下一片空茫，发人无穷遐思。

《游览志余》评："和靖，隐士也，

而亦为华艳之词，失其体矣。"未免言重。俄国诗人勃洛克说过："只有恋人才有权叫作人。"没有爱情的"高人"，连完整的人都谈不上。正因为留下过这些情痴之语，林逋才显得亲切近人。

孤山北麓，曾有一座曼殊塔。现已荡然无存。如果说林和靖是有情的高士，苏曼殊则真是多情的诗僧了。

苏曼殊始名宗之助，后名玄瑛、元瑛，父母皆为日人，"父宗郎，不详其姓，母河合氏。……玄瑛生数月而父殁，母子茕茕靡(无)所依。会粤人香山苏某商于日本，因归焉"(柳亚子《苏玄瑛新传》)。香山(今广东中山)苏某指苏杰生。他当时在日本横滨经商。玄瑛五岁到中国，光绪二十四年(1898)，又赴日本求学，结识了许多革命志士。后因女友蹈海而逝，就跑到

苏曼殊像

广州长寿寺剃度为僧，法号曼殊。他一生漂泊无定，曾到过南洋，常往返于中、日之间，也多次来杭州小住。在南屏山下的白云庵，曾留诗云：

白云深处拥雷峰，几树寒梅带雪红。斋罢垂垂浑入定，庵前潭影落疏钟。

白云庵的意周和尚回忆说：

苏曼殊真是个怪人，来去无踪，他来是突然的来，去是悄然的去。你们吃饭的时候，他坐下来，吃完了顾自走

林海钟《放鹤亭》图

开。他的手头似乎常常很窘，老是向庵里借钱，把钱汇到上海一个妓院中去。过不了多少天，便有人从上海带来许多外国糖果和纸烟。于是他就不想吃饭了，独个儿躲在楼上吃糖、抽烟。他在白云庵，白天睡觉，到晚来披着短褂子，赤着足，拖着木屐，到苏堤、白堤上去散步，有时直到天亮才回来。他除了吟诗外，也喜欢画画。他画得很多，纸不论优劣，兴之所至，手边的报纸也会拿来涂鸦。不过若有人诚心诚意去向他求画，他又变得非常矜贵了。

苏曼殊诗画皆绝，风流倜傥，迷倒过不少女子，一旦对方向他表达刻骨铭心之爱时，他又退缩了，使得她们对他哀怨有加。

禅心一任娥眉妒，佛说原来怨是亲。

雨笠烟蓑归去也，与人无爱亦无嗔。

俞平伯极赏曼殊的《简（柬）法忍》：

来醉金茎露，胭脂画牡丹。
落花深一尺，不用带蒲团。

落花既深一尺，可作坐垫用。饮酒作画，沉醉花下，何须蒲团耳。我则

孙中山题"曼殊遗墨"

杨学洛所书放鹤亭匾额

喜欢曼殊写于日本的《本事诗》：

> 春雨楼头尺八箫，何时归看浙
> 江潮。
> 芒鞋破钵无人识，踏过樱花第
> 几桥？

民国七年（1918），曼殊患肠胃病，医治无效，病逝于上海广慈医院，年仅三十五岁。以后，由南社社友柳亚子、陈去病等集资葬于杭州孤山山麓、西泠桥南堍，并建了曼殊塔。

当代作家熊召政在《孤山踏雨》一文中，独具只眼地指出：

> 孤山之于曼殊，其品位与韵致应该是极其吻合的。曼殊之"孤"，孤在内心，既有孤苦，也有孤愤，更多的恐怕是孤情了。……无爱无嗔，倒的确表现了一个出家人无情无欲的菩提境界。自己不能爱人，而又撩拨得这么多女子爱他，曼殊的奇，就奇在这里；曼殊的孤，也孤在这里。从某种意义上说，在大乘佛教的万千丛林中，曼殊依然是一座无傍无依的"孤山"。

苏堤春晓

苏公堤，自南新路属之北新路，

苏东坡画像

横截湖中。宋元祐间，苏子瞻守郡，浚湖而筑之，人因名苏公堤。夹植花柳，中为六桥，桥各有亭覆之。其诗云："六桥横截天汉上，北山始与南屏通。忽惊二十五万丈，老葑席卷苍烟空。"……自是湖分为两，西曰里湖，东曰外湖。南渡后，堤桥成市，歌舞丛之，走马游船，达旦不息。

至于"苏堤春晓"，今人钟毓龙释曰："苏堤两旁，悉栽桃柳。杭人有'一枝杨柳一枝桃'之谚。每当春日，桃柳竞芳，红绿相间，远望近观，均堪娱目。而破晓之际，晨光乍启，宿雾未消，落英蘸波，锦屏垂绣，实为湖中之最胜处。此为春景，亦兼为晓景。"

清人张仁美《西湖纪游》，继续了明人田汝成对苏堤繁华的描写：

和风骀荡中，冶春士女，杂沓嬉游，犹想见髯公扬鞭缓辔，马蹄遍踏香尘也。

"髯公"自然是指苏东坡。东坡写了那首"遂成西湖定评"的七绝（水光潋滟），又为杭州留下了他千秋不废的杰构——苏堤。但筑堤过程，并非张仁美写得那么浪漫。

宋初以来，西湖年久失修，日渐埋塞，加上真宗天禧年间（1017—1021），王钦若（就是那个陷害寇准，鼓动皇帝去泰山封禅的王钦若）奏改西湖为放生池，禁民采捕，西湖更是草兴水涸，积成葑田。东坡第一次通判杭州，"湖之葑合者盖十之二三耳"，但因自己不是主要行政长官，除帮助太守陈述古疏浚六井外，不可能有大的作为。元祐四年（1089），东坡再度来杭，时间虽仅隔十五年，西湖已淤塞过半。经父老请求，东坡向朝廷上《乞开西湖状》，认为倘不紧急措置，"更二十年，无西湖矣"，全湖将为水草掩盖，杭民将失去淡水来源。指

出"西湖有不可废者"的五条理由，并形象地说："杭州之有西湖，如人之有眉目"，"使杭无西湖，如人去其眉目，岂复为人乎？"尽管有人攻击这项动议是"志事游观，公私无利"，朝廷还是予以批准拨款。

东坡以工代赈，趁黄梅雨后，葑草浮动之时，在元祐五年（1090）四月二十八日，动用民夫二十万工，历时半年，将茫茫葑草、沉沉淤泥打捞干净。聪明的太守，又把无处安放的草、泥筑成长堤，为湖沿三十里横穿了一条捷径。还命人在堤上间植杨柳，并建映波、锁澜、望山、压堤、东浦、跨虹六座石拱桥。后有诗回忆："我在钱塘拓湖渌，大堤士女争昌丰。六桥横绝天汉上，北山始与南屏通。"人们为了纪念他，将这条长堤命名为"苏公堤"。而"苏堤春晓"也被列为"西湖十景"之一。

清人翟灏等辑的《湖山便览》，还录了描写六桥的佳句，如"小艇撑过第一桥"（徐集孙）、"花落西泠第二桥"（钱宰）、"酒到三桥月满身"（蔡襄）、"重到桃花第四桥"（刘涣忆）、"遥知第五桥边路，桐叶题诗人未归"（周紫芝）、"东风第六桥边柳，不见黄鹂见杜鹃"（陈孚）。其中陈孚因感慨南宋被蒙元所灭，故有此叹。这些断句，足以诱发人们对六桥的遥思遐想。

据说当年筑堤时，东坡每天亲临现场。一天肚饥，而饭菜未至，"遂于

堤上取筑堤人饭器,满盛陈仓米一器,尽之,其平生简率如此"。又传浚湖功成,百姓抬猪担酒来苏府拜贺,东坡收下猪肉,叫人切成方块,亲授以法,烧得红酥酥的,分给参与浚湖的民工,众人给这种肉起名"东坡肉"。"东坡肉"以后成了杭州的一道名菜。

因苏堤遍植垂柳,"六桥烟柳"在元代又被列入"钱塘八景"之首。明人袁宏道曾形容说:

六桥杨柳一络,牵风引浪,萧疏可爱。

晴雨烟月,风景互异,净慈之绝胜处也。

今人夏承焘先生《天风阁学词日记》(1930年10月11日)载:

苏堤暝色,望里湖水光受西日作金色,外湖则似银灰,叹为奇观。

叶圣陶先生在《西湖游》一文中注意到:

外湖和里湖从错落有致的枝叶间

苏堤春晓

望去，似乎时在交换样儿。

周瘦鹃先生则在《新西湖》一文中说：

从第一桥到第五桥这一段，实在是苏堤最美的所在。碧水青山绿杨柳，一一奔凑眼底，美不可言。

我还想起徐逢吉《清波小志》中的一段令人难忘的文字。他的朋友赵瑜，字瑾叔，钱塘人，高才博学，能诗文，尤长乐府，与洪升齐名，著有《秦淮雪》《青霞锦》《翠微楼》传奇数种。康熙庚辰(1700)三月，"夜大风雨至黎明，闻叩门声甚急，启视之，则赵也，著屐而来，云：'天公如此，桃花摧残可知矣。吾欲往六桥吊之，君能偕我行乎？'予适小疾畏风，辞之。瑾叔遂独行，抵暮仍过我(家)，急索笔写《吊桃花曲》五阕见示，音调凄惋，真有情人也。"其第五阕《皂角八犯》云：

六朝春，总属虚花。三月景，一番闲话。说什么绛雪胡麻，想都是尘埃野马。没相干，抛开罢。眼乜斜，枝头还剩一些些。风休刮，雨莫加，残春尚值千金价。

幸好《尾声》振作了一些：

人生难得长萧洒，费几杯浪酒与闲茶。你看宋苑秦亭，又增一番新绿也。

这正符合以东坡为代表的宋人胸襟。东坡的门生秦观便写过：

节物相催各自新，痴心儿女挽留春。
芳菲歇去何须恨，夏木阴阴正可人。

三潭印月

湖中旧有三塔、湖心寺，并废。三塔俱在外湖，三坻鼎立。皇明弘治间，佥事阴子淑者，秉宪甚厉。时湖心寺僧倚怙镇守中官，不容官长以酒肴入。阴公大怒，廉其奸事，立毁之，并去其塔。相传湖中有三潭，深不可测，西湖十景所谓"三潭印月"者是也，故建三塔以镇之。

[湖中原有三塔、湖心寺，一时并废。三塔都在外湖，三基鼎立。明弘治年间（1488—1505），按察司佥事名叫阴子淑，执法甚严。当时湖心寺和尚依仗镇守中官的权势，不许现任长官带酒食入寺。阴子淑大怒，访察到寺中和尚们的奸邪之事，立刻毁

寺，并拆除三塔。传说湖中有三潭，深不可测，也就是西湖十景中所谓的"三潭印月"，所以建了三塔以镇压水怪。]

清人李卫主修的《西湖志》载："东坡留意西湖，极力浚复，于湖中立塔以为标表。"也就是说，苏堤筑成后，东坡为使西湖长治久安，还在堤外湖水最深处，立了三个瓶形石塔，名曰"三潭"。下令三塔以内，不得种植菱芡，以防湖泥再次淤积。三塔之外，募人种菱取息，以作维修之用。

今人钟毓龙考："南宋旧图，从南数湖中对苏堤第三桥(望山)之左为一塔，第四桥(压堤)之左为一塔，第五桥(东浦)之左为一塔。塔形如瓶，浮漾水中，所谓'三塔亭亭引碧流'是也。中塔、南塔之间，旧有小洲，上有寺，名保宁，石晋天福时(936—943)建。北塔之旁，亦有小洲，上有寺曰湖心。明宪宗成化(1465—1486)后，中南二塔与寺俱废为草滩。"

明人高濂在《四时幽赏录·三塔基听落雁》中描写的，正是三塔倾圮后的情状：

秋风雁来，惟水草空阔处，择为栖止。湖上三塔基址，草丰沙阔，雁多群呼下集，作解阵息所。携舟夜坐，时听争栖竞啄，影乱湖烟。宿水眠云，声凄

花日，基畔呖呖嘹嘹，秋声满耳，听之黯然。不觉一夜西风，使山头树冷浮红，湖岸露寒生白矣。此听不悦人耳，惟幽赏者能共之。若彼听鸡声而起舞，听鹃声而感变者，是皆世上有心人也。我则无心。

雁飞列行成阵。当它们落地栖息，就不再保持队列，故称"解阵"。高濂所记，别有一种荒寒之美。

明正德三年(1508)，杨孟瑛复浚西湖，连这三个残剩的塔基也被掘去。明万历三十五年(1607)，杭人共请大吏，浚取葑泥，环绕筑埂，插以水柳，为湖中之湖，专为放生之用。又于旧保宁寺基建德生堂，择僧守之，禁绝渔人入内捕捞。又筑三石塔于堂前之堤上，故又名湖心三塔寺。清初，三石塔悉毁。康熙三十八年(1699)，于其南之湖中，重建了三座石塔。每塔高约丈余，塔基方形，塔身球形，周身各有三孔，塔顶呈葫芦状，造型美观，成为"湖中有岛，岛中有湖"的绝妙所在。但此三潭非宋时之三潭也。

三潭印月景致，就是以三座石塔与湖心小岛小瀛洲两部分组成。小瀛洲与岛外的环形翠堤，过去赖舟楫相通。清雍正五年(1727)，总督李卫又在此经营一番，堤岛之间，南北贯以曲桥，东西连以土堤，这样就把全岛景物

御碑內置高軒傑閣度平楹三折而入空明旨映僊然湖中之湖夜涼人家荻艇沿洄淘可濯䴙洗心頓盡
御製三潭印月詩
聖駕巡幸
應指也乾隆十六年春
棄萬劫優曇現聖因
湛淨空潭印月滿輪分明三塔是三身禪宗漫許添公

聖祖御書高額復建一亭於池上構亭恭懇
國朝康熙三十八年於池上構亭恭懇復舊蹟月光映潭影分為三故有三潭印月之目
葑泥統潭作堰萬曆庚申外三塔之塔影如瓶浮漾水中明弘治間毀萬曆間濬取
鼎立相傳潮中有三潭深不可測故建浮屠以鎮
三人一呼為三塔墓志云舊墓石塔
以為標表着令塔以內不許侵為菱藕場以石
三潭印月 蘇軾留意西湖極力濬復於湖中立塔

三潭印月（《西湖志》）

有机地组合了。岛上同时兴建层楼轩榭，水面栽种荷花，环池广植木芙蓉，故此处又称"鱼沼秋蓉"。

漫游三潭印月，花木扶疏，假山迂回，有一种含蓄的美，不是一览无余，而是步步入胜，渐入佳境。中秋之夜，皓月当空，你如泛舟湖上，就可看到那月光映潭、分塔为三的奇景。倘你在塔内点上蜡烛，用薄纸封住圆孔，烛光透过薄纸映入湖中，又成水中之月，随波轻漾，仿佛无数个月亮在水中晃动。即便平日，也令人入迷，发人遐思。今人夏承焘曾与友人

晚十一时泛舟湖上：

　　至三潭印月，星斗下垂，游船已稀，远远闻少女歌声。

　　三潭印月北面为湖心亭，相传为东坡所立三塔的北塔旧址。此岛是明嘉靖三十一年(1552)，由知府孙孟于此堆土而成。岛上建振鹭亭，露台亩许，周以石栏。湖山胜概，一览无余。不久，亭为风雨所摧。明万历四年(1576)，由按察佥事徐廷裸等重建，改亭额为"太虚一点"。因其处于全湖最中心，人们通称为"湖心亭"。万历二十八年(1600)，司礼孙隆增拓此岛，四周叠石，植以花柳，同时改建亭子为

三潭印月（张怀江版画，1979）

"清喜阁"。张岱《湖心亭看雪》所写，正是此岛。现在的湖心亭，是1953年重建的。近年来，旅游界又爱将它与爱晚亭、陶然亭、醉翁亭相提并论，合称我国"四大名亭"。环亭皆水，环水皆山，太虚一点，实踞全湖之胜。古人有联："亭立西湖，宛西子载扁舟，雅称雨奇晴好；席开水面，恍苏公游赤壁，偏宜月白风清。"

与三潭印月、湖心亭鼎足而立的，为阮公墩。墩是清代浙江巡抚阮元疏浚西湖时，取葑草污泥堆积而成。清代学者俞樾《春在堂随笔》载：

阮公墩，在湖心亭之西。去年，彭雪琴侍郎(即彭玉麟，字雪琴)谋筑屋其上，亲履行之，而泥土甚松。以篙刺之，应手而入，始知其不可筑屋，笑语余曰："此真'软公墩'也。"

这座天真未凿的小岛已成绝佳垂钓区。上世纪八十年代，陆续建成一些花木掩映的民居小院，并有音乐茶室等。"阮墩环碧"也已名列"新西湖十景"之一。

由湖滨而望，小瀛洲、湖心亭与阮公墩，成"品"字形地浮于碧波之上。湖上三岛，似海上三神山，真使人有鱼水相忘之乐。清人厉鹗(《宋诗纪事》作者)有《湖心寺见柳花作》：

亭亭酒舫着三潭，杨柳飞花色染蓝。

却讶春衣风力紧，一天晴雪过湖南。

三潭印月还留下不少名联。如清兵部尚书彭玉麟的：

大地少闲人，谁能作风月嘉宾、湖山贤主；六桥多胜迹，我爱此荷花世界、鸥鸟家乡。

又唐树森一联：

笑隔荷花人共语；坐看孤月到天心。

另无名氏联：

波上平临三塔影；湖中倒浸一轮秋。

花 港 观 鱼

卢园，宋内侍卢允升小墅。景物奇秀，有池，文石甃砌，水洌而深，异鱼种集，西湖十景所谓"花港观鱼"，即此地也。

西山大麦岭后的花家山麓，有一条清溪流经此处，注入西湖，因名"花港"。水因山名，地因水名。至于"花港观鱼"，则源于南宋。宦官卢允升在花港侧畔建花园别墅"卢园"，引花港水于其中，以有花纹的石头砌成水池，水清而深，养了几十种奇异的鱼，以供玩赏。一时游人纷至，雅士云集。不久卢园废，花港也港堵汊断。"观鱼"胜事，已远逊玉泉。宋末王洧咏诗曰："断汊惟余旧姓传，倚阑投饵说当年。沙鸥曾见园兴废，近日游人又玉泉。"

康熙南巡时，令地方官重修旧景，以便亲临题咏。于是在离卢园废址二里多的地方，即苏堤第一桥(映波)、第二桥(锁澜)之间的定香寺故址上，浚池养鱼，栽花辟径，又建亭阁轩榭。"风雅"的康熙，沿袭宋画院祝穆、马远所创的西湖十景名目，重新"御题"一番。书"花港观鱼"四字，勒石刻碑。

现今"花港观鱼"成了占地三百多亩的大型公园，布局是以牡丹园、鱼乐园和松林湾后面的花港组成，其南草坪也成为杭州樱花景观之最。中心鱼乐园中的红鱼池，蓄有几万尾金鳞红鲤。

世人的欣赏口味，也真是不同。现代作家胡山源在《游杭随记》里，却说："……正到了'姹紫嫣红开遍'的

"花港观鱼"

时候，花就有了，方方的池塘，水在粼粼地波动着，的确有许多鱼可观。……但我将它比比它从前破败的形状，我却宁愿爱着它的破败。曾有一个画家，将这个破败的风景，画成一张水彩画，被人印在明信片上，有一个朋友将这个明信片寄给我，我就将它保留了许多年。我就喜欢它那一种不事梳理的林下风，却不喜欢它现在的膏沐频施，没去了天真。"

西 湖 定 评

写西湖的诗，最脍炙人口的，大概是苏东坡的《饮湖上初晴后雨》（其二）了。

水光潋滟晴方好，山色空濛雨亦奇。

欲把西湖比西子，淡妆浓抹总相宜。

从诗题上看，那天诗人在湖上饮酒，天气先是晴好，后来下起雨来。这对一般游客是扫兴的事，而诗人却分别领略了不同天气里西湖的美景。历来诗评家往往忽略了此诗的第一首。其实二首联章，原属整体。第一首为：

朝曦迎客艳重冈，晚雨留人入醉乡。

此意自佳君不会，一杯当属水仙王。

诗人认为：朝曦与晚雨，前者"迎客"，后者"留人"，同样使自己心醉；而一般游客对此中佳意无从领会，倒是长年累月呆在湖畔庙中的水仙王神像尽情领略了西湖富于变化、蕴涵深厚的全部风情。（水仙王庙：一名嘉泽庙，旧址在今"平湖秋月"。传说伍子胥浮尸江上，化为潮神，故有"水仙吴王"之称。）这首诗是我们进入第二首诗必不可少的台阶。

"此意自佳君不会"，是指一般游客而言，东坡的态度则是："淡妆浓抹总相宜。"阳光照射下，眩目中自有一份清冷；山雨骤临时，晦暗中透出几许温敦。他于自然万物，大到宇宙山川，小到饮食起居，都有广泛而浓厚的兴趣，能看到和发现别人所不太注意的东西。虽然"水光"、"山色"分属两句，实际上是并写。"晴方好"指"水光"也指"山色"，水浮光耀金，山也日艳重冈；"雨亦奇"指"山色"也指"水光"，山若隐若现，水也烟波渺然。

三四句以绝代佳人西施比天下胜景西湖，不单以人的美比出了物的美，而且赋予了自然的美以缱绻温柔的情意和丰饶婉约的韵致。

是不是可以用历史上别的美女来比喻西湖呢？我们知道，西施即使因病而捧心、因愁而蹙眉，娇怯怯，病恹恹，教人看了既怜惜又痛心，也有一种别样的风韵，就如同西湖即使雨天阴云低垂、水气瀚郁也一样景色"自佳"。"总相宜"的意思是不管在什么情况下都好，都美，都适合，这大概只有西施才能承当了。从字面上看，西湖与西子共有一个"西"字；从籍贯上讲，西湖与西子同在浙江；从风韵上比，两者也最为神似。所以清人陈衍在《宋诗精华录》中，才说这首诗"遂成西湖定评"，人们从此也以"西子湖"作为西湖的别称。

其实，南宋陈善早在《扪虱诗话》中就说过："要识西子，但看西湖；要识西湖，但看此诗。"当然，这些评语还只是皮相之见。宋诗（特别是苏诗）的特点，就在于寄妙理于形象。东坡早年过三峡所写的诗，就有"入峡喜巉岩，出峡爱平旷"之句，离杭在密州（今山东高密）所作《超然台记》中又说："餔糟啜醨（酒糟薄酒），皆可以醉；果蔬草木，皆可以饱。推此类也，吾安往而不乐？"只要有这种人生态度，晴日、雨天、淡妆、浓抹、山林、庙堂、酒肉、粗食……总是相宜的。

苏东坡画像

纵观东坡一生，政治上屡受打击，生活中常临绝境，但他却有着随缘自适、随遇而安的旷达胸怀。第一次贬谪黄州（今湖北黄冈），他说："莫嫌荦确坡头路，自爱铿然曳杖声。"第二次贬谪惠州（今属广东），他说："日啖荔枝三百颗，不辞长作岭南人。"第三次贬谪儋州（今属海南），他说："九死南荒吾不恨，兹游奇绝冠平生。"这三处一处比一处偏远，但无论环境(政治的、生活的、自然的)何等险恶，他都能像在杭州那样"乐其风土"，有一种好心情，有一副好胃口，并写出尽物之态、穷物之理的好诗文。《饮湖上初晴后雨》(其二)这首小诗，实在是东坡处世态度生动而深刻的写照，这首"西湖绝唱"，从某种意义上讲，也可称作"人生绝唱"。

《游览志余》将《饮湖上初晴后雨》(二首)误为《湖上三绝句》，添加了"毕竟西湖六月中，风光不与四时同。接天莲叶无穷碧，映日荷花别样红"一首，诗是好诗，可惜作者为南宋杨万里。

望　湖　楼

望湖楼，在昭庆寺前，钱王所作，一名先得楼。潘阆诗："望湖楼上立，竟日懒思还。听水分他界，看云过别山。孤舟依岸静，独鸟向人闲。回首重门闭，蛙声夕照间。"

[望湖楼在昭庆寺前，武肃王钱镠所建，又名"先得楼"。宋初潘阆有诗(诗略)。]

《游览志》还录了东坡三首绝句。东坡所写，为《六月二十七日望湖楼醉书五绝》，现按次序试作解读：

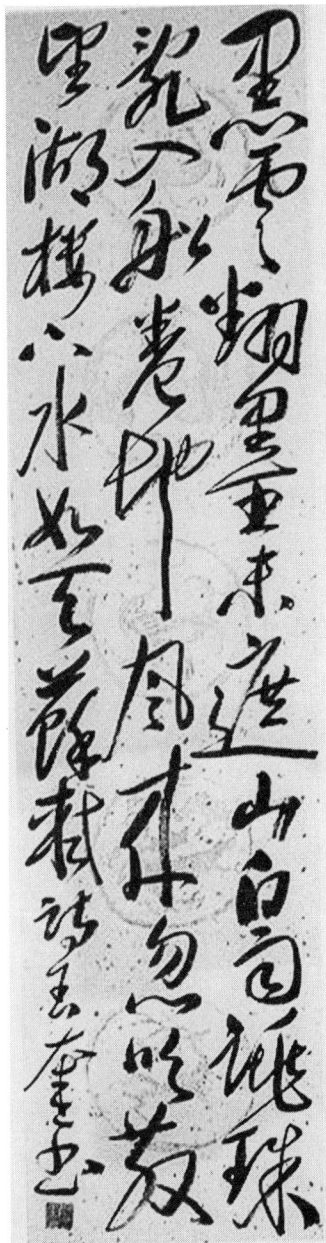

苏轼《六月二十七日望湖楼醉书》

黑云翻墨未遮山，白雨跳珠乱入船。

卷地风来忽吹散，望湖楼下水如天。

东坡胸襟阔大，性情开朗，不习惯终日忧心忡忡、愁眉苦脸，在怨愤不满喷发之后，又经常保持平静、乐观的心绪。这首诗，正反映了他的这一秉性。这片黑云，无非是顺着风势吹来，也会顺着风势移去。"跳珠"形容的，自然是骤雨而非久雨。最后用"水如天"写一场骤雨的结束，给人悠然不尽的情致。十五年后，东坡知杭，与友人同游西湖，再次用了"跳珠"一词："到处相逢是偶然，梦中相对各华颠。还来一醉西湖雨，不见跳珠十五年。"

放生鱼鳖逐人来，无主荷花到处开。

水枕能令山俯仰，风船解与月徘徊。

王钦若曾奏请以西湖为放生池（见本书《西湖沿革》），"禁捕鱼鸟，为人主祈福"。既是禁捕区，自然也是禁植区（私人不能占用湖地种植）。一二句便写出了这种野趣。"水枕"：枕席放水上，也即放在船上。船一颠摆，

躺在船上的人就看到山的一俯一仰。船儿随风飘移，恰如伴着明月在徘徊不定。

乌菱白芡不论钱，乱系青菰裹绿盘。

忽忆尝新会灵观，滞留江海得加餐。

"乌菱"：四角者为芰(jì音计)，两角者为菱，俗称菱角。"白芡(qiàn音欠)"：水生植物，又名鸡头，种子为芡实，供食用或入药。"不论钱"：不计较钱数，说明价廉。"菰(gū音孤)"：茭白。晋代开始，便有立春时以青菜装盘相互馈赠的习惯。唐人将饼饵、蔬菜、果物等置于盘中，号曰"春盘"。东坡《浣溪沙》词也有"蓼茸蒿笋试春盘"之句。东坡这里是概论当地风习。"会灵观"在汴京（今河南开封），欧阳修《食鸡头》："凝祥池锁会灵园。"凝祥池在会灵观东。本诗大意是：乌菱白芡这一类水生食物味美价廉，与茭白掺和在大盘里端上。这情景不禁使我回忆起在汴京会灵观尝新的往事，如今滞留钱塘，只好靠努力加餐，保重身体来自慰了。

献花游女木兰桡，细雨斜风湿

翠翘。

　　无限芳洲生杜若，吴儿不识楚辞招。

　　南朝梁人任昉《述异记》："木兰洲在浔阳江中，多木兰树。七里洲中，有鲁班刻木兰为舟，木兰舟出于此。"后常用作船的美称。"翠翘"：妇女的首饰。"杜若"：一种香草。屈原《九歌》："采芳洲兮杜若。""楚辞招"：指《大招》《招魂》。本诗大意是：献花女郎坐着小船游湖，斜风细雨，浸湿了

陈培林《望湖楼前所见》

她们的首饰。远处的汀洲上长满了芳草，这些钱塘游女只知献花，不识芳洲香草，怎能想到为流放此处的迁客招魂呢？东坡在这里似以屈原自喻。清代黄任的《西湖杂诗》可与此诗并读："画罗纨扇总如云，细草新泥簇蝶裙。孤愤何关儿女事，踏青争上岳王坟。"人们对当年民族的灾难已经隔膜，历史陈迹也成为娱乐场所。

　　未成小隐聊中隐，可得长闲胜暂闲。
　　我本无家更安往，故乡无此好湖山。

　　"小隐"：晋人王康琚《反招隐》诗："大隐隐朝市，小隐隐薮泽(林泉)。"白居易《中隐》诗："樊丘(山林)太冷落，朝市太嚣喧。不如作中隐，隐在留司官。""长闲"：白居易诗："偷闲意味胜长闲。"东坡此处反用其意。

　　正视现实，珍惜现在，且把所到之处，权当自己的故乡吧。"故乡无此好湖山"，东坡这种达观的思想，首先是在秀丽的杭州山水间萌生的。

　　昭庆寺原址，现为少年宫广场。广场西侧，有1985年重建的望湖楼，绿树繁花，飞檐凌空。

吉祥寺牡丹

吉祥寺，宋乾德三年，睦州刺史薛温舍宅为地，治平二年，改广福……蔡端明《吉祥寺赏牡丹对月》:"花未全开月未圆，看花对月思依然。明知花月无情物，若使多情更可怜。"

[吉祥寺，宋乾德三年（965）睦州刺史薛温舍弃了自己的住宅，把它改建成寺院。治平二年（1065），改名广福寺。……蔡端明有《吉祥寺赏牡丹

黄汝清《牡丹图》

对月》（诗略）。]

"睦州"：属两浙路，现桐庐、建德，皆为其辖所。"可怜"：可爱。

《游览志》还收录了东坡几乎全部写吉祥寺的诗，今选析几首。

"钱唐吉祥寺花为第一"（东坡语）。熙宁五年（1072）三月二十三日，东坡随太守沈立去吉祥寺观牡丹，并为沈立作《〈牡丹记〉叙》："州人大集，……饮酒乐甚，素不饮者皆醉。自舆台皂隶皆插花以从，观者数万人。"（"舆台皂隶"：泛指地位低下的人。）并写下一首绝句：

人老簪花不自羞，花应羞上老人头。

醉归扶路人应笑，十里珠帘半上钩。

"十里珠帘"出自杜牧诗："春风十里扬州路，卷上珠帘总不如。""上钩"指(珠帘)挂在钩上，也即卷上。全诗大意说：人老了(其实东坡当年才三十五岁)，还插上一朵花，也不知道害羞，花倒应该为上了老人的头而感到羞惭。我们相扶醉归时，一路上有半数以上的人家挂起珠帘，探头窥望，笑看我们的醉态。

东坡又有《冬至日独游吉祥寺》：

井底微阳回未回，萧萧寒雨湿枯荄。

何人更似苏夫子，不是花时肯独来。

明周臣绘《东坡题扇图》

"枯荄(gāi音该)"：枯草根。《汉书·礼乐志》："青阳(春)开动，根荄以遂(舒展)。"全诗大意是：(冬至时)井底的阳气已开始慢慢回升，萧萧洒洒的寒雨浇湿了枯草根。谁人更能像我苏夫子，不是(牡丹)开花的时候还肯独自前来游赏呢。他看花不因众人之热而热，也不随众人之冷而冷。这种独立不羁的人格，使他一生付出了高昂的代价，也获得了高标的诗格。

付出代价的，是《和述古冬日牡丹四首》(其一)：

一朵娇红翠欲流，青光回照雪霜羞。

化工只欲呈新巧，不放闲花得少休。

"陈述古"：陈襄的字，当时继沈立知杭州。本诗作于熙宁六年(1073)十月。"化工"：天工。全诗大意为：一朵红艳艳的牡丹绽开了，水灵灵、翠生生的，鲜明极了。本该在初夏而今却在十月开放，该是春光的回照吧。对严霜寒雪来说，是会羞愧的。是不是老天爷只图翻出新花巧色，不想让凡花小草得到暂时的安闲养息呢？

这里的"翠欲流"，据陆游《老学庵笔记》：东坡《牡丹诗》，初不晓"翠欲流"为何语，及游成都，有大暑市肆曰"郭家鲜翠红纸铺"。问土人，乃知蜀语"鲜翠"犹言鲜明也。东坡盖用乡语。

在以后的"乌台诗案"中，这首诗竟被扣上了讥谤新法的罪名。在拷问之下，东坡只好自供："是年冬十月内，一僧寺开牡丹数朵，陈襄作四绝句，轼尝和云云。此诗皆讥讽当时执政大臣，以比化工但欲出新意擘(bò)画(筹划)，令小民不得暂闲也。"其实，早在《〈牡丹记〉叙》中，东坡就正题反作、话里有话地说："盖此花见重于世三百余年，穷娇极丽，以擅天下之观美，而近岁尤复变态百出，务为新奇以追逐时好者，不可胜纪。此草木之智巧便佞者也。"

上古无牡丹之名，统称芍药。唐以后始以木本芍药称牡丹(草本芍药仍沿旧名)。武则天酷爱此花。唐开元(713—741)时，牡丹盛于长安，离东坡写此文时已三百多年，所以有"此花见重于世三百余年"之句。

于是牡丹的红艳，在我眼中，恍然幻成了血色。这正应了东坡的"无限芳洲生杜若，吴儿不识楚辞招"。西子湖的儿女，不懂得潇湘云水的沉郁苍茫。

东坡夜游湖

张岱在《西湖梦寻·冷泉亭》一

东坡笠屐图

文中说："西湖幽赏，无过东坡，亦未免遇夜入城。"但东坡集中，偏偏有《夜泛西湖五绝》。现选其三、四、五试作解读：

　　苍龙已没牛斗横，东方芒角升长庚。

　　渔人收筒未及晓，船过惟有菰蒲声。

　　菰蒲无边水茫茫，荷花夜开风露香。

　　渐见灯明出远寺，更待月黑看湖光。

　　湖光非鬼亦非仙，风恬浪静光满川。

　　须臾两两入寺去，就视不见空茫然。

　　"苍龙"，东方七宿(角、亢、氐、房、心、尾、箕)的总称。"苍龙已没"表示夜深。"牛斗"指北方七宿中的牛宿和斗宿(北斗星)。曹植："月没参横，北斗阑干。"阑干：横斜状。可见"牛斗横"也写更深。长庚即金星，也即启明星，有芒。古人诗云："长庚冷有芒，文曲淡无气。"三四句写渔人赶在未晓前盗鱼。"筒"：钓筒，捕鱼具。"船过惟有菰蒲声"是以有衬无、以动衬静，恰似"鸟鸣山更幽"。

　　第四首接写菰蒲无边，湖水茫茫，荷花夜放，沾露愈香。"渐见灯明出远寺"，正暗示船在行进中。令人想起宋末元初周密《癸辛杂识》中的一段："西湖四圣观前，每至昏后，有一灯浮水上，其色青红，自施食亭南至西泠桥复回。风雨中光愈盛，月明则稍淡。雷电之时，则与电争光闪烁。"四句"月黑"指月落。

　　如果说前两首给人朦胧的美感，末一首则顿生变幻多端、神秘莫测的奇观。东坡《游金山寺》："江心似有炬火明，飞焰照山栖乌惊。怅然归卧心莫识，非鬼非人竟何物？"渲染的气氛，正与此诗相类。湖光不是鬼火，也不是仙霞，可在风平浪静时，它的光芒竟洒遍整个湖面。但一会儿，光束成双捉对地投进寺庙中，再看，什么也没有了，只有空茫一片。

可见，西湖幽赏，无过东坡，白天不论，夜游也同。

晴　湖

袁中郎(宏道)游西湖，多写春晴之时，下笔辄不同凡响：

山色如娥，花光如颊，温风如酒，波纹如绫。才一举头，已不觉目酣神醉。此时欲下一语描写不得，大约如东阿王梦中初遇洛神时也。

最后一句是说，这时想说一句赞美的话都找不到，大约就像东阿王曹子建在睡梦中刚刚遇见洛水女神的光景。

湖上由断桥至苏堤一带，绿烟红雾，弥漫二十余里。歌吹为风，粉汗为雨，罗纨之盛，多于堤畔之草，艳冶极矣。

然杭人游湖，止午、未、申三时。

其实湖光染翠之工，山岚设色之妙，全在朝日始出、夕舂未下，始极其浓媚。月景尤不可言。花态柳情，山容水意，别是一种趣味。

"午"为上午十一时至下午一时；"未"指下午一时至三时；"申"指下午三时至五时。此与张岱《西湖七月半》中提到的"杭人游湖，已出酉归，避月如仇"意近。就中也提到"月景尤不可言"，但只是虚写。

中郎曾偕友至苏堤第三桥(望山桥)，见桃花积地寸余。走得累了，就倒卧在地上饮酒，让花瓣落在脸上，落多者便罚酒，少者就唱歌，以此取乐。"偶艇子出花间，呼之，乃寺僧载茶来者。各啜一杯，荡舟浩歌而返。"真是当了一回神仙。

清人厉鹗的《春寒》写得如真如幻：

漫脱春衣浣酒红，江南二月最多风。
梨花雪后荼蘼雪，人在重帘浅梦中。

今人夏承焘《天风阁学词日记》几则，比起袁中郎，颇饶清韵：

游西湖，沿城墙行，日光水面返

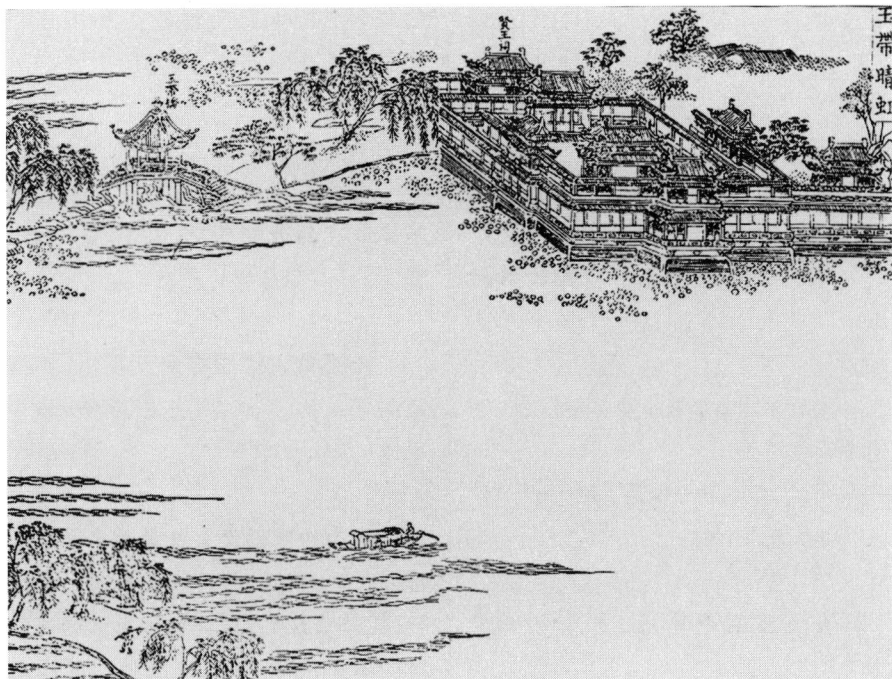

玉带晴虹图

照，人有浓淡二影，淡影如烟如梦，细谛模糊不可辨，走时则了了相随。予得"淡影浑疑隔世人"七字。(1929年11月1日)

午后游湖，经平湖秋月、放鹤亭，风日妍丽，柳花扑面，山翠波光，宛在画中。(1931年4月24日)

午后风日妍丽，与雁晴步至驾涛仙馆，杏花六七株，高柯怒放，照天缟夜，平昔未睹。(1932年4月2日)

缟：白绢，此处名词作动词用。王安石《寄蔡氏女子》："积李兮缟夜，崇桃兮炫昼。"表现了桃花与李花昼夜间给人的不同视觉感受。

雨　　湖

东坡重返杭州时，曾兴奋地写下："还来一醉西湖雨，不见跳珠十五年。"皆因他第一次来杭，有过"黑云翻墨未遮山，白雨跳珠乱入船"的诗句。他的"山色空濛雨亦奇"，更是千古传诵。

元人张雨的《葛岭杂书》，自有一股清气：

> 小娃小艇无踪迹，只有荷花雨溅裙。
>
> 净洗一方天水碧，不教歌板污游云。

天青水净，如果一动笙管歌板，会使游云也玷污的。

明人单恂的《春雨》则认为"歌板"只会增添清韵：

> 杏花红雪覆东墙，玉版初肥箸下香。
>
> 陡忆断桥清夜烛，潇潇暮雨唱吴娘。

杏花盛开、玉版(春笋)初肥的春雨之夜，饮着吴兴箸下村所产的美酒，听吴娘在断桥边的船舱中，烛影摇红，歌喉宛转，这种情调，实在令人沉醉，成为终生抹不去的印象了。

明人浦祊在《游明圣湖(即西湖)日记》中，借友人的话，形容雨中西湖的妙处："此真米家泼墨法也。""米家"指"大米"(米芾)、"小米"(米友仁)。父子二人都擅写淡墨山水。

比起古人的空灵，今人对雨湖的描写，具体而又细微。如丰子恺先生在《湖畔夜饮》中，就有这样一番比较：

> 窗外有些微雨，月色朦胧。西湖不像昨夜的开颜发艳，却有另一种轻颦浅笑、温润静穆的姿态。

俞平伯说："江南的风虽小，雨却豪纵惯了的。"他在《芝田留梦记》中写道：

> 江南的寒雨说有特具的丰神。如您久住江南的必将许我为知言。它的好处，一言蔽之，是能彻心彻骨的洗涤您。不但使你感着冷，且使它的冷从你骨髓里透泄出来。所剩下几微的烦冤热痛都一丝一缕地蒸腾尽了。惟有一味是清，一味是冷，与你同在。你感着悲哀了。原来我们的悲哀，名说而已，大半夹杂了许多烦恼。只有经过江南兼旬的寒雨洗濯后的心身，方才能体验得一种发浅碧色，纯净如水晶的悲哀。这是在北方睡热炕，喝白干，吃爆羊肉的人所难得了解的，……

当然这里所说的，是冬日的寒雨。俞先生接着又说：

> 惟当春秋佳日，微妙的尖风携着

清莹的酥雨，洒洒剌剌的悠然来时，不论名花野草，紫蝶黄蜂同被着轻松松的沐浴，以后或得微云一卷，或得迟日一烘，絪缊出一种酣醉的杂薰；这种眩媚真是仪态万方，名言不尽的。想来想去，"照眼欲流"，倒是一种恰当的写法。若还不恍然，再三去审度它的神趣，那就嫌其唐突了。

对江南的雨，俞先生不是观，也不仅仅是听，而是"读"，这就有了认真的"思"。

1961年，剧作家于敏在《西湖即景》里，无意中解释了明人说得过于简省的"此真米家泼墨法也"。他碰上阴雨，想起杨万里的诗句"冒雨游山也莫嫌，却缘山色雨中添"，就去攀玉皇山。

山顶上风大雨大，只好在茶榭里避雨。窗外翠竹摇曳，从这里远望，一种奇特的、出乎意想的美景使我惊呆了。西湖宛如墨染了一般，完全变成浓黑的了。"波漂菰米沉云黑"，信然！"沉云黑"三字出自胸臆，也还是得于自然。中国画里有一派米点山水，用饱墨挥洒大大小小的点子，或疏或密，或浓或淡，用来表现山雨空溟的景色。我一向以为这种技法写意太甚，用处是不大的。不想一个偶然的机会纠正了我的看法。湖水是浓黑的，而苏堤则是一条白色的带子，堤上的六桥竟宛如汉白玉雕刻的了。变幻的天工造成奇特的黑白对比，这美是我平生未见的。要在画面上传神地写实，似乎非米点的技法莫办。

"波漂菰米沉云黑"为杜甫诗句，下句为"露冷莲房坠粉红"。"米点山水"即米氏父子独创的一种画派，纯以水墨烘染，表现烟云雨雾里特殊的自然景色。

由雨湖还会联想到杭州的两条"雨巷"。一条是处于市中心的孩儿巷，南宋陆游寓居过，写下"小楼一夜听春雨，深巷明朝卖杏花"（《临安春雨初霁》）的名句。另一条即是现代

戴望舒，忧郁的诗人

诗人戴望舒在大塔儿巷的旧居。他的
《雨巷》，便是借这里的氤氲雨气写成：

  撑着油纸伞，独自
  彷徨在悠长，悠长
  又寂寥的雨巷，
  我希望逢着
  一个丁香一样地
  结着愁怨的姑娘。

  她是有
  丁香一样的颜色，
  丁香一样的芬芳，
  丁香一样的忧愁，
  在雨中哀怨，
  哀怨又彷徨；

  她彷徨在这寂寥的雨巷，
  撑着油纸伞
  像我一样，
  像我一样地
  默默彳亍着，
  冷漠，凄清，又惆怅。

  她静默地走近
  走近，又投出
  太息一般的眼光，
  她飘过
  像梦一般地，
  像梦一般地凄婉迷茫。

  像梦中飘过
  一枝丁香地，
  我身旁飘过这女郎；
  她静默地远了，远了，
  到了颓圮的篱墙，
  走尽这雨巷。

  在雨的哀曲里，
  消了她的颜色，
  散了她的芬芳，
  消散了，甚至她的
  太息般的眼光，
  丁香般的惆怅。

  撑着油纸伞，独自
  彷徨在悠长，悠长
  又寂寥的雨巷，
  我希望飘过
  一个丁香一样地
  结着愁怨的姑娘。

晓　　湖

  元代诗僧圆至写过一首《晓过西湖》：

  水光山色四无人，清晓谁看第
一春？
  红日渐高弦管动，半湖烟雾是

游尘。

拂晓一片静寂，一到旭日临空，游屐就活跃起来，歌弦箫管，随处可闻，宝马香车，络绎不绝，难怪湖上游尘飞扬了。

诗自是佳什，但我更爱《游览志》所记明初李草阁(李晔)的《湖堤晓行》：

宿云如墨绕湖堤，黄柳青蒲咫尺迷。

行到画桥天忽醒，谁家茅屋一声鸡。

历来写晓行的诗，大多离不开鸡声，最有名的大概要数唐代温庭筠的"鸡声茅店月，人迹板桥霜"了。李晔(yè音业)这首诗，不能不受前人的影响。但全诗精彩处在"天忽醒"三字，仿佛天也是有生命的，也会入眠，也会睡醒；而它之所以醒来，是因为鸡鸣之故。这样，李晔的"鸡声"便从前人句中翻出了新意。

西湖的早晨，犹如一幅水墨画，浑然天成

"谁家茅屋一声鸡",从句法上讲,从北宋梅尧臣《鲁山山行》中"人家在何许? 云外一声鸡"沿袭而来。"天忽醒"的拟人手法,让人联想起唐代李贺的"天若有情天亦老"。诗的第一句"宿云"便已经用了这种手法(仿佛云也会夜宿),只是不易被人觉察而已。"天忽醒"实际上是照应了前面的"宿云"。

尽管只用了一些极为普通的诗料(黄柳、青蒲、茅屋、鸡声),这首小诗在数以万计的西湖诗中,却是别具一格的。

当然,有人也会说:圆至的诗更切合西湖的实况,可我总觉得太称华了,还是录一首李晔的《红梅》诗:

满林红雪影毵毵,夜静和春浸碧潭。

却忆骑驴二三月,杏花小雨看江南。

毵毵(sān音三):① 毛发、枝条细长的样子。白居易:"鬓毛不觉白毵毵。"韦庄:"晴烟漠漠柳毵毵。"② 纷飞的样子。苏轼《过岭》:"谁遣山鸡忽惊起,半岩花雨落毵毵。"

今人写晓湖的高手,当推俞平伯先生。在《湖楼小撷》一文中,他如是描绘:

湖光眩媚极了,绝非一味平铺的绿。……西湖的绿已被云收去了,已被雾笼住了,已被朝阳蒸散了。近处的水,暗蓝杂黄,如有片段。中央青汪汪白漫漫的,缬射云日的银光;远处乱皴着老紫的条纹。山色恰与湖相称,近山带紫,杂染黄红,远则渐青,太远则现俏蓝了。处处更萦拂以银乳的朝云,为山灵添妆。面前连山作障,腰间共同搭着一绺素练的云光,下披及水面,濛濛与朝雾相融。顶上亦有云气盘旋,时开时合,峰尖随之而隐显。南峰独高,坳里横一团鱼状的白云。峰顶庙墙(前年曾登过的),豁然不遮。远山亭亭,在近山缺处,孤峭而小,俏蓝中杂粉,想远在钱塘江边了。

夏承焘词《十二郎》的小序,则写西湖由夜入晓的奇景:

客杭州之三年,始尽夜湖之胜。人定后舣舟(停舟)苏堤待月,绕三潭折入里湖,高荷如幄,俯见银河,冷香袭人,如在梦境。少选(不久)吴山出日,外湖绛云荡射,一镜皆赪。里湖犹残月疏星,荧然在水。一堤之隔,划分晓夜,尤为奇观。

"俯见银河",当指银河倒影。

暮　湖

从小便熟知徐元杰的《湖上》:

花开红树乱莺啼,草长平湖白鹭飞。

风日晴和人意好,夕阳箫鼓几船归。

长大读到刘东先生所译的《蒙元入侵前夜的中国日常生活》。他在《译后絮语》中说:

假如一个社会共同体偏在边衅频仍的危急存亡之秋,居然还有心思去空前精巧化其生活艺术,使人"直把杭州当汴州",恐怕其失落就有点必然性了。

徐元杰的诗里,大有"夕阳无限好,只是近黄昏"之感。同理,南宋宗室赵彦端的"波底夕阳红湿"(《谒金门·西湖》),也可作如是观。《游览志》所引明人金璐的"回首西湖散歌舞,一天香雾晚山红",气氛相似,只是少了一层寓意。

同样脍炙人口,同样写西湖黄昏的,有吴惟信的《苏堤清明

于是才悟到,　丰子恺《落日放船好》,分明一曲《渔歌唱晚》

即事》：

　　梨花风起正清明，游子寻春半出城。

　　日暮笙歌收拾去，万株杨柳属流莺。

　　俄国作家高尔基的一段描写，仿佛是对这首诗的补充："太阳消逝之后许久，天空中还轻轻地奏着晚霞的色彩绚烂的音乐，……"

　　日本作家井上靖，又接着描绘下去："……四周都已昏暗了，惟有河面还稍稍留有暮色，是明亮的。知道河面的薄明是那样奇妙的凄凉，……"

　　井上靖在异国河川见到这种"薄明之美"时，会感到一种"旅情"。曾居杭州的俞平伯先生，写得更为细腻生动：

　　我所亟亟要显示的是淡如水的一味依恋，一种茫茫无羁泊的依恋，一种在夕阳光里，街灯影旁的依恋。这种微婉而入骨三分的感触，实在是无数的前尘前梦酝酿成的，没有一桩特殊事情可指点，也不是一朝一夕之功。

　　长住杭州的夏承焘先生，移写了

钱塘江：

　　晚饭后在林影中看月江。银波一片，滉漾眩目，比西湖尤胜。

梦　湖

　　张岱《西湖梦寻》自序中说，他后来两至西湖，一片荒败景象，"反不如保我梦中之西湖，尚得完全无恙也"。于是"梦中说梦"，作"梦寻"七十二则。

　　但就是这本"梦中说梦"的书，营造了一种妙曼的梦境，成了几百年来描写西湖的最佳游记。也许，梦中的西湖，更有一种飘逸晶莹的美感吧。

　　1925年8月，俞平伯夜间做梦，梦中读了两篇文章，醒后记下较易省忆的一篇，是为《梦游》。他不署姓名，拿去给朋友们猜，周作人和钱玄同说："大约是明人作的，至迟亦在清初。"对这两位老师的评语，俞平伯十分惶恐。其实，在现代作家中，俞平伯是一位较多保留着我国古代名士气质的知识分子，爱将朦胧和梦幻当作艺术美来追求，爱写梦，写月，写夜，所以才会写出《梦游》这样的文字：

月色朦胧殊不甚好。小舟欹侧袅娜，如梦游。引而南趋，南屏黛色于乳白月芒下扑人眉宇而立。桃杏罗置岸左，不辨孰绯孰赤孰白。着枝成雾凇，委地疑积霰。花气微婉，时翩翩飞度湖水，集衣袂皆香，淡而可醉。如是数里未穷。南湖故多荷芰，举者风盖，偃者水衣。舟出其间，左萦右拂，悉飒不宁贴，如一怯书生乍傍群姝也。行不逾里，荷塘柳港转盼失之，惟柔波汩汩，拍桨有声，了无际涯，渺然一白，与天半银云相接。左顾，依约青峰数点出月雾下，疑为大力者推而远之，凝视仅可识。凉露在衣，风来逐云，月得云鞾，以娇脸下窥，圆如珍珠也；旋又隐去，风寒逼人，湖水大波。

清人尤桐于顺治六年(1649)游西湖，见湖畔杨柳，"乃为官军所伐都尽，千丝万絮无一存者"，愤而写《六桥泣柳记》，叹曰：

嗟乎！予三十年前于诗中见西湖焉，"湖光潋滟"、"雨色空蒙"是也；于画中见西湖焉，"柳浪闻莺"、"花港观鱼"是也；于梦中见西湖焉，"三秋桂子，十里荷花"，仿佛遇之。三十年又二，始见西湖于目中，乃兴尽而返。所见不逮所闻，则与其在目中，反不若诗中情、画中景、梦中人哉！

月　　湖

虽说"月湖不如雪湖"，但雪湖罕见，月湖常有。写月湖的文字，又推张岱的《陶庵梦忆·西湖七月半》为冠。他举了五类看月者。

"其一楼船箫鼓，峨冠盛筵，灯火优僆，声光相乱，名为看月而实不见月者，看之。"

"其一亦船亦楼，名娃闺秀，携及童娈，笑啼杂之，环坐露台，左右盼望，身在月下而实不看月者，看之。"

"其一亦船亦声歌，名妓闲僧，浅斟低唱，弱管轻丝，竹肉(歌喉)相发，亦在月下，亦看月，而欲人看其看月者，看之。"

"其一不舟不车，不衫不帻，酒醉饭饱，呼群三五，跻入人丛，昭庆、断桥，嘄呼嘈杂，装假醉，唱无腔曲，月亦看，看月者亦看，不看月者亦看，而实无一看者，看之。"

"其一小船轻幌，净几暖炉，茶铛旋煮，素瓷静递，好友佳人，邀月同坐，或匿影树下，或逃嚣里湖，看月而人不见其看月之态、亦不作意看月者，看之。"

"优　僆(xī 音 西)"："优"指优伶，"僆"同奚，古代称奴仆为奚。"童娈(luán

音恋)",即娈童,美丽的少年。"啼":这里指开玩笑的假哭。"露台":临时搭建的露天平台。"茶铛(chēng 音撑)":煮茶的三足小锅。

作者接着抨击了当时的风气:杭州人游湖,上午九时至十一时出城,下午五时至七时回家,躲开月亮像躲开仇人似的。只有这一天晚上,附庸风雅,逐队出城。刚一上船,便催促船夫快速直放断桥,赶到活动中心。两更之前,人声乐声如沸如撼,如魇如呓,人人又像是变成了聋子与哑巴,完全看不到什么,"止见篙击篙、舟触舟、肩摩肩、面看面而已"。不久,大队人马又赶回城去。这,大概便是作者所写的一、二、四类人吧。而第三、第五类人,此时便唱主角了,虽然作者对第三类人也有微词。

吾辈始舣舟近岸。断桥石磴始凉,席其上,呼客纵饮。此时,月如镜新磨,山复整妆,湖复颒(huì,洗)面。向之浅斟低唱者出,匿影树下者亦出。吾辈往通声气,拉与同坐。韵友来,名妓至,杯箸安,竹肉发,月色苍凉,东方将白,客方散去。吾辈纵舟,酣睡于十里荷花之中。香气拍人,清梦甚惬。

这当然是专写七月半中元节(鬼节)赏月的。平时"杭人游湖,已出酉归,避月如仇",如果与文中"多犒门

军酒钱"联系来看,可见城门开闭有时,也未可深责。当然,放诞的才人雅士便可常游月湖,畅游月湖了。这方面文字也确实不少。

李卫主修的《西湖志》便说:

西湖十景,首平湖秋月。盖湖际秋而益澄,月至秋而逾洁,合水、月以观,而全湖之精神始出也。

清人毛先舒也曾有《八月十六夜记游》,写他独登云居山顶:

旷望无涯,中天一轮,遥碧空白,此外更无纤毫翳,大江隐隐,越山淡横,皆奇观也。

诗写夜西湖的,我最爱南宋姜白石的《湖上寓居杂咏》:

湖上风恬月淡时,卧看云影入玻璃。
轻舟忽向窗边过,摇动青芦一两枝。

青芦被轻舟一擦,只擦动了一两枝,而且舟又是从自己的窗边一划而过,过后依旧风恬月淡,动后的静甚至比不动时的静更静。用轻微的动态,来反映冷峭的意境,真像闲云野鹤,来

去无迹。

清代潘问奇《清明湖上即事》诗有"明月到楼才是夜,桃花无水不成春"一联,为人传诵。今人丰子恺在《湖畔夜饮》一文中,也写下诱人的文字:

> 前天晚上,四位来西湖游春的朋友,在我的湖畔小屋里饮酒。酒阑人散,皓月当空。湖水如镜,花影满堤。我送客出门,舍不得这湖上的春月,也向湖畔散步去了。柳阴下一条石凳,空着等我去坐。

当然,杭人为什么"避月如仇",胡晓明先生在《文化江南札记》中给了答案:"后来读了陈寅恪先生关于西湖游舫的考证,才明白张宗子(张岱字宗子)如此写的苦心。"明亡之后,名士汪然明信中说:

> 人多以湖游怯见月诮武林人。其实不然。三十年前虎林王谢子弟多好夜游看花,选妓征歌,集于六桥。一树桃花一角灯,风来生动,如烛龙欲飞。较秦淮五日灯船,尤为旷丽。沧桑后,且变为饮马之池。昼游者尚多蜎缩,欲不早归不得矣。

胡先生由此叹道:"清兵入关,大批军队驻防杭州,昔日荷香灯船之盛地,变而为膻腥戎马之区。张宗子的雅俗之叹,骨子里是文化的盛衰之感。"

雪 湖

明人汪砢玉在《西子湖拾翠余谈》中,曾有这样一段评议:

> 西湖之胜,晴湖不如雨湖,雨湖不如月湖,月湖不如雪湖。

大概是物以稀为贵的缘故,西湖地处江南,极少降雪,即便有雪,也短期便消,惹得文人才子极口称赏。"西湖十景"中有"断桥残雪","钱塘八景"中也有"孤山霁雪"。

雪湖的文字,被张宗子《陶庵梦忆·湖心亭看雪》写绝了。

> 崇祯五年(1632)十二月,余住西湖,大雪三日,湖中人、鸟声俱绝。是日,更定矣,余拏(牵引)一小舟,拥毳衣炉火,独往湖心亭看雪。雾凇沆砀(hàng dàng,寒气弥漫状),天与云与山与水,上下一白。湖上影子,惟长堤一痕、湖心亭一点与余舟一芥、舟中人两三粒而已。
> 到亭上,有两人铺毡对坐,一童子烧酒炉正沸。见余大喜,曰:"湖中

焉得更有此人!"拉余同饮。余强饮三大白而别。问其姓氏,是金陵人,客此。

及下船,舟子喃喃曰:"莫说相公痴,更有痴似相公者。"

雪夜雇舟,"独往湖心亭看雪",正可与柳宗元的"独钓寒江雪"参读。果真发现了一个雪的天地、美的梦境!长堤只是"一痕",湖心亭只是"一点",小船只是"一芥",舟中人竟只有"两三粒而已"!西湖没有辜负诗人,显现了平时所没有的空阔、浑穆和素洁,达到了美的极致!而那两位金陵客人,也仿佛不是尘寰中人了。一个"痴"字,点出了天真如赤子、把美好事物看作性命的艺术人生。

现代学者钟敬文也写过一篇《西湖的雪景》,虽不如《湖心亭看雪》有名,精神上却是一脉相通的。看见难得下起了雪,他与友人从湖滨坐车前往灵隐。到灵隐后,并不满足,又步行上韬光庵。"……这条山径,实际上虽不见怎样的长,但颇深曲而饶于风致。这里的雪,要比城中和湖上各处都大些,在径上的雪,大约有半尺来厚,两旁树上的积雪,也比来路上所见的浓重。曾来游玩过的人,该不会忘记的吧,这条路上两旁是怎样的繁植着高高的绿竹。这

时,竹枝和竹叶上,大都着满了雪,向下低低地垂着。"

我们一直跑上最后的观海亭。那里石阶上下都厚厚地堆满了水沫似的雪,亭前的树上,雪着得很重,在雪的下层并结了冰块。旁边有几株山茶花,正在艳开着粉红色的花朵。那花朵有些堕下来的,半掩在雪花里,红白相映,色彩灿然,使我们感到华而不俗,清而不寒;因而联忆起那"天寒翠袖薄,日暮倚修竹"的佳人来。

作者最后又徒步到岳坟,登舟游湖。虽然"革履渗进了雪水","双足尤冰冻得难忍",但游兴不减,还悟到唐人郑綮说诗思在灞桥风雪中,驴子背上,"真是懂得冷趣的说法"。

今人钟毓龙《说杭州》里还提到了"冰湖":

湖畔偶有冰结,身须敲冰而行,此为常有之事。至全湖冻合,则少见。元顺帝至正间,湖水全合。……张仲举赋诗曰:"西湖雪压冰澈底,行人径渡如长川。风吹盐地结阴卤,日射玉田生暖烟。鱼龙穴里寒更缩,鸥鹭沙头饥可怜。安得长冰通沧海,我欲三岛求神仙。"清道光二十一年(1841),湖水连底冰冻。湖上行人往

雪中的西湖也不失江南的秀丽

来，甚至土工扛柩者，亦行走无碍，因而湖心亭有著白撞贼之事，杭人以为笑谈。

　　张仲举即元代诗人张翥。此诗摘自《游览志余·委巷丛谈》。

　　1976年，杭州下了大雪，湖上也结了厚冰。有人可在湖面骑自行车从葛岭直接到白堤。

夏　　湖

　　俞平伯先生写足了西湖的美景，却在《眠月》中说："江南苦夏，湖上尤甚。浅浅的湖水久曝烈日下，不异一锅温汤。白天热固无对，而日落之后湖水放散其潜热，夹着凉风而摇曳，我们脸上便有乍寒乍热的异感。如此直至于子夜，凉风始多，然而东方快发白了，有酷暴的日头等着来哩。"

　　除了烈日暴晒，加上杭州三面环山，挡住了风，所以整个便如蒸笼一般。杭人还给了八月的这种天气一个很美的名称："桂花蒸"。

　　久住此地的词学家夏承焘先生的《画荷》诗，也自慰道：

七月杭州欲废诗,湖船如坐甑中炊。

能令宙合生凉意,白藕花头风一丝。

"宙合":宇宙,六合。

夏先生又在《天风阁学词日记》(1931年6月25日)记:

热甚。晚步江边纳凉。西日坠时,江天皆作浅绛色,乱帆矗矗如在画中。

"江"指钱塘江。大概钱塘江在城郊,所以比湖中"如坐甑中炊"的情状稍好一些,傍晚即可纳凉。

但夏先生1932年7月14日一则日记,又推翻了这种猜测:

楼居不堪焚灼,午后往二龙头逃暑,夜间坐月颇凉快。

用了"焚灼"二字,可怕!果然一到七八月,湖上江边一例难熬。只有在山中,才"夜间坐月颇凉快",这与俞平伯的"子夜凉风始多",感受是一样的。

古人笔下的西湖,似乎更为净爽。如南宋杨万里的《晓出净慈寺送林子方》:

毕竟西湖六月中,风光不与四时同。

接天莲叶无穷碧,映日荷花别样红。

"接天"、"无穷",何其高旷寥阔!

他还有一首《清晓湖上》:

六月西湖锦绣乡,千层翠盖万红妆。

都将月露清凉气,并作清晨一喷香。

据说,西湖荷花以拂晓时分最为奇美。荷梗荷叶吮吸了一宵凉气,此时喷泻而出;浓烈的香气令人心醉,未晞的露珠又在晨曦微照下晶莹透彻……

杨万里可谓写西湖荷花的圣手,再举两首:

城中担上买莲房,未抵西湖泛野航。

旋折荷花剥莲子,露为风味月为香。

人间暑气正如炊,上了湖船便不知。

湖上四时无不好,就中最说藕花时。

在他看来，因了"藕花"，夏湖在一年四季中是最好的。

也许在回忆中，西湖的夏天更令人神往。写过"彤彤暑到想归家"，离开杭州回南京的袁枚，却在《随园诗话》中，录引了女诗人方芳佩的《忆西湖》：

清凉世界水晶宫，亚氏栏干面面风。
今夜若教身作蝶，只应飞入藕花中。

林海钟《夏日清凉图》

如果有俞平伯先生提到的"子夜凉风至多"，加上夏承焘先生诗中的"藕风"，那么西湖的夏夜，便令人流连忘返，身入妙香国中，不想打桨而出了。有明代高启七绝为证：

半湖月色偏宜夜，十里荷香已欲秋。
为爱前沙好风景，满身风露未回舟。

销 金 锅

汉时，金牛见湖中，人言明圣之瑞，遂称明圣湖。

相传今天的涌金门，便是当年金牛涌出之处。

大概真是"明圣之瑞"，南宋周密在《武林旧事》中，这样写道：

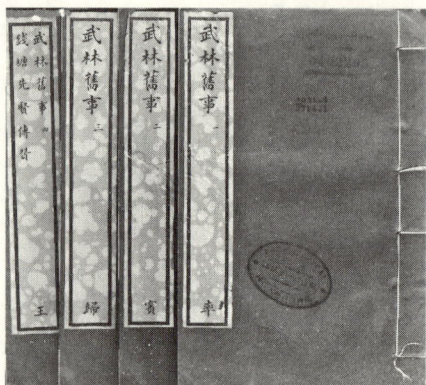

周密《武林旧事》书影

类，何翅(止)百余；其次则不计其数，皆华丽雅靓，夸奇竞好；而都人凡缔姻、赛社、会亲、送葬、经会、献神，仕宦恩赏之经营，禁省台府之嘱托，贵珰(太监)要地，大贾豪民，买笑千金，呼卢(赌博)百万，以致痴儿呆子，密约幽期，无不在焉。日糜金钱，靡有纪极，故杭谚有"销金锅儿"之号，此语不为过也。

西湖天下景。朝昏晴雨，四序总宜。杭人亦无时而不游，而春游特盛焉。承平时，头船如"大绿"、"间绿"、"十样锦"、"百花"、"宝胜"、"明玉"之

周密文中还提到：游春时，"都人士女，两堤(苏堤、白堤)骈(肩并肩)集，几于无置足地；水面画楫栉比如鱼鳞，亦无行舟之路"。

《游览志余》也录明人张杰《西湖》

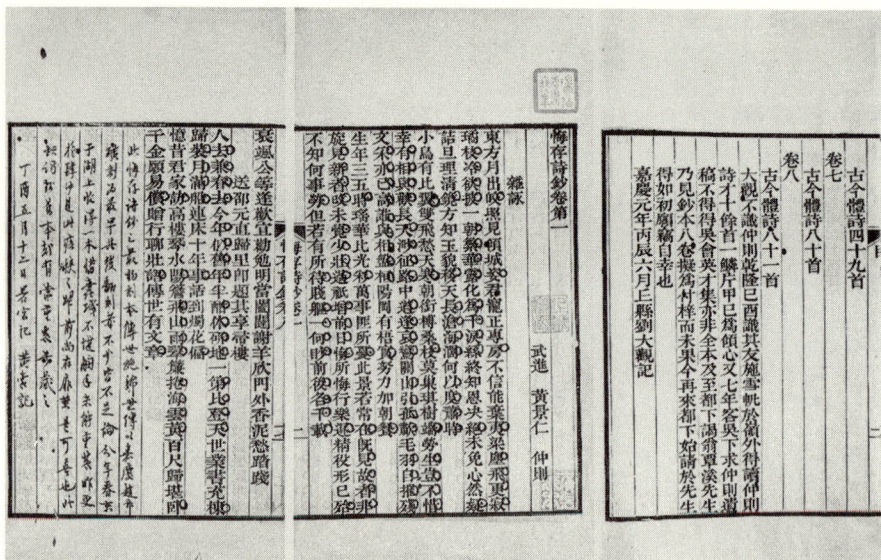

黄仲则《悔存斋诗钞》书影

宋高宗

诗:"……今古有诗难绝唱,乾坤无地可争奇。溶溶漾漾年年绿,销尽黄金总不知。"

南宋本是偏安一隅的小朝廷,所以元人宋无便唱反调了:

故都日日望回銮,锦绣湖山醉里看。

恋着销金锅子暖,龙沙忘了两宫寒。

这里的"故都"指北宋都城汴京。"龙沙"指白龙堆,泛指塞外。"两宫"指被金兵俘去的徽宗、钦宗。

清人赵庆熺更以《销金锅》为题,直斥道:"……金销复可铸,锅破尚可补,江山虽新不如故。吁嗟乎,销金销金浪得名,如何不销金人兵!"张日熙更在同题诗中,喊出:"金锅不缺金瓯缺!"

在这"痴儿呆子,密约幽期,无不在焉"的"销金锅"里,我却读到清代名诗人黄仲则的《戏题酒家》:

我亦曾裁一幅裈,翻于此处买深樽。

出门欲脱青衫典,先道酒痕非泪痕。

诗人欲典青衫换酒,又怕店家怀疑衫上有水渍,就抢说这不是泪痕而是酒痕,读之辛酸。赵庆熺直斥"如何不销金人兵",但作为金国的诗人房暤,却有一首《别西湖》:

闻说西湖可乐饥,十年劳我梦中思。

湖边欲买三间屋,问遍人家不要诗。

《诗·陈风·衡门》:"泌之洋洋,可以乐饥。""乐饥"即乐道忘饥之意。

可见"销金锅儿"毕竟是为富人而设的,无论何国何代,都有贫寒的书生,更别提穷苦的黎民百姓了。

今人钟毓龙《说杭州》却对"销金锅"别有新解：

"销金"二字，殆以讥南宋人民之游冶侈靡也。然解之者曰：西湖虽日销寸金，然渔蒲之利，灌溉之利，所生日亦寸金，足相抵矣。近世以来，日益浚治，点缀风景，欲以拟欧洲之瑞士。销者愈多，生者亦愈多。金固常存，物质终不可灭也。

北山：无数白云生翠屏

石泉苔径午阴凉，
手撷山花辦色香。
度岭穿松心未厌，
好闲翻为爱山忙。

葛　　岭

养乐园，贾似道别墅也。……盖似道尝住园中，有游骑过门者，辄为侦事者擒入。有官者黜，有财者籍。其妾兄窥瞰，亦缚投火中。

[养乐园是贾似道的别墅。……因为贾似道曾经住在园内，有骑马游西湖的人经过园门，就被当作侦骑而遭逮捕。是官员就罢官，有钱人就被籍没家财。贾似道侍妾的哥哥前来窥探，也被绑住投入火中。]

养乐园在葛岭附近。相传晋代葛洪结庐于此，故名葛岭。贾似道原为浙江台州的市井无赖，靠着他姐姐贾玉华是贵妃的裙带关系，平步青云，又排挤吴潜，当上了宰相。当时蒙古兵围困鄂州、襄阳一带，宋理宗派贾似道率兵解围。贾似道畏敌如虎，派人与忽必烈议和，密谋割地纳贡。贾似道不仅将此事隐瞒，而且上表谎报军功，说"蒙古惧己威名，闻风远遁"。理宗大喜，说贾似道有"再造之功"，加官少师，赐予金帛，又赐给他葛岭周围土地，扩充府第(养乐园为其中之一)。度宗时，封太师，平章军国重事。贾似道在葛岭造半闲堂，常在堂内以斗蟋蟀为乐。明人沈周后来写过一首《葛岭》诗：

闲堂宝阁画图中，天乞湖山养相公。
正是襄樊多事日，却将征战试秋虫。

理宗特许贾似道十日一朝，所以有人讥讽道："朝中无宰相，湖上有平章。"一日理宗游御花园，登凤凰山，晚上看西湖灯火辉煌，对贵妃说："此必贾似道也。"命飞骑去探，果不其然。理宗不仅不责备，反送金帛一车以作酒资。如此得宠，贾似道自然会随意抓人了。乃至将他侍妾的哥哥绑投火中，也在情理之中。《游览志余》载：

似道居湖上，一日倚楼闲眺，诸姬皆从。有二人道装羽扇，乘小舟游湖，登岸。一姬曰："美哉二少年。"似道曰："汝愿事之，当留纳聘。"姬笑而不言。逾时，令人捧一盒，唤诸姬至前，曰："适方为某姬受聘。"启视之，乃姬之首也。诸姬股栗。

仅仅因为脱口讲了一声"美少年"，便被贾似道砍头。明代周朝俊据此编写了《红梅记》一剧。内容大体为：南宋太学生裴舜卿寓居昭庆寺，春天出游，因折红梅与李卿忠之女李慧娘相遇，两人一见钟情，慧娘赠裴生红梅，裴生赠慧娘玉佩，两人依依相别。不料，贾似道贪慧娘美色,强纳慧娘为妾。一日游湖,慧娘恰逢裴生,互传衷情。贾似道一怒之下,拨船回府,问慧娘:"你愿意嫁给他吗?我叫他来下聘礼。"天真的慧娘羞涩不语。没隔多久,贾似道命人捧来一个盒子,唤出众姬,说这是给慧娘的聘礼,打开一看,里面却是李慧娘血淋淋的人头。众姬妾吓得浑身发抖,掩面逃散。贾似道还不甘休,又用慧娘所带的玉佩将裴生诱入相府,囚禁冷房。慧娘含冤被杀,阴魂不散,感动了土地公公,赠慧娘阴阳扇,让她到冷房去与裴生相会。贾似道差爪牙夜里来杀裴生,慧娘鬼魂挺身相护,放走裴生,大闹贾府,惩罚了贾似道。

此戏曾先后改编为《游西湖》或《李慧娘》。

《游览志余》除上所提"美少年"外,又录明人陈雕(yōng 同雍)的《过葛岭怀古》:

山上楼台湖上船,平章醉酒懒朝天。

羽书莫报樊城急,新得蛾眉正少年。

这里的"蛾眉少年",又分明是女性了。

大概因为有这两种"少年",清代袁枚在其《湖上杂诗》中写道:

葛岭花开三月天,游人往来说神仙。

老夫心与游人异,不羡神仙羡少年。

西方文学多颂青春,中国人是尚齿敬老的民族,虽然常爱伤时叹老,又往往瞧不起青年。真正体会到青春可贵的,似乎只有这位素有佻侂文人之称的袁枚了。他公然收女弟子,对美貌少年,津津乐道。有时竟教人于字里行间,嗅出浓烈的肉味来。以形体之美为上,也许有些偏颇,但这种希腊精神,却是中国传统思想中难以找到的。

二十多年前,笔者偶经葛岭,诌了两首小诗,其中一首便为《李慧娘》:

壮哉李慧娘,
姓名满城香。
生为人妾盼情郎,
死化鬼雄镇奸相!
芳魂铸成千古戏,
百姓一唱解愁肠,
正义终伸张!

末句的"正义终伸张",是指孟超《李慧娘》在"文革"中遭批判、李慧娘二度蒙冤,终得平反之事。

另一首题为《葛岭》:

何处"养乐园"？
不见"半闲堂"。
一间茶室，
几丛芭蕉，
半山松篁，
蝉声说兴亡，
游人笑平章。

保俶如美人

西湖有三座宝塔，都是五代吴越国所建。雷峰塔于1924年9月25日倒塌(今已重建)，六和塔又远在钱塘江边，被群峰所遮，在西湖上是望不见的。雷峰塔未倒时，与保俶塔遥相对峙，以致明人闻起祥说："雷峰如老衲，宝石如美人。"宝石塔后名保俶塔，建于吴越王钱镠时期。雷峰塔伛偻龙钟，如老僧昏昏入定，保俶塔苗条婀娜，像美女亭亭玉立。

保俶塔在宝石山顶。相传宋太祖赵匡胤"黄袍加身"后，约吴越王钱俶进京一晤。为保佑钱俶平安，丞相吴延爽，改宝石塔为保俶塔。钱俶抵达汴京(今河南开封)，受到宋太祖的礼

宝俶塔

遇。当他献上宝犀带，宋太祖笑着告诉钱俶，他已有三条宝带，一是汴河，一是淮河，一是扬子江，表明统一中国的决心。两个月后，钱俶获准南归。宋太祖赐黄绫包袱一个，要钱俶回去后打开。钱俶回国后拆开一看，不禁大惊失色，原来包内装有五十三封宋朝文武大臣请求扣留钱俶的奏章。从此，钱俶越发敬慎，视事不敢居中，偏坐东侧，到宋太宗赵光义时，他再次入京朝贺，索性献上了吴越版图，使得保持了七十余年安定的吴越之地，再次避免了生灵涂炭。

吴越国的开国君王钱镠，贩私盐出身，后靠军功与机遇步步升迁，最后拥有了东南十四州。他计划将宫殿建在西湖南面的凤凰山，有个风水术士对他说：如在凤凰山造官殿，王气太露，不过百年，若将西湖填平，只留十三条水路蓄泄湖水，建宫殿于其上，可得千年王气。钱镠回答："西湖乃天下名胜，安可填平？……有国百年，吾愿足矣。"他这一句话，倒是挽救了西湖。还有一件功德之举。白居易疏浚西湖后，历经百年，湖面又被葑草填塞。钱镠下令组建"撩湖兵"，昼夜打捞，使西湖重现旧观。

另外，他还扩建杭州旧城，修筑捍海堤塘。据《古今小说》载：

其年大水，江潮涨溢，城垣都被冲击。乃大起人夫，筑捍海塘，累月不就。钱镠亲往督工，见江涛汹涌，难以施功。钱镠大怒，喝道："何物江神，敢逆吾意！"命强弩数百，一齐对潮头射去，波浪顿然敛息。不勾数日，捍海塘筑完，……

这当然近乎神话。今人钟毓龙在《说杭州》里讲得比较可信：

武肃(即武肃王钱镠)之筑塘也，于射潮箭所止处，多立铁幢(chuáng，刻着佛号或经咒的柱子)，以为测水之准则。幢制首圆如杵，径七八寸。首出土三尺余，趾皆陷土中。其时塘犹未成。虑潮之荡幢，乃先以轮护(周围加固)其址，而以铁絚(gēng，粗绳索)贯幢干。且引絚维于塘上下之石楗(jiàn，堵塞河堤决口所用的竹木土石等)。然后运巨石，盛以竹笼。又用日本人所献之桺木，植之作湜柱，以捍塘。于是塘始成。以后塘以内之通衢广陌于以兴，钱王之功也。

可见潮水不是强弩射退的，海塘全靠人力筑成，也非"不勾数日"那般轻易。

具有讽刺意味的是，南宋孝宗为供太上皇赵构颐养天年，建翠寒堂，用的也是楩木，不施朱丹，白如象齿，比之钱镠用良材筑海塘，实不可同日而语。

《游览志》还记钱王有纳谏的度量。他曾规定西湖渔民每天要缴数十斤鱼，供王室使用，名"使宅鱼"。民苦不堪言。有时捕不到数额，只好到市上买了充数。一次，幕下罗隐入谒，墙上正好挂着《磻溪垂钓图》，钱王命罗隐题诗，罗隐随口而成：

吕望当年展庙谟，直钩钓国又何如？

假令身在西湖上，也是应供使宅鱼。

钱镠听懂了诗中的婉讽，大笑，便下令罢缴"使宅鱼"。

关于题诗，另有一则轶事。诗僧贯休献诗，中有"满堂花醉三千客，一剑霜寒十四州"之句。钱镠让门吏告诉贯休，"教和尚改十四州为四十州，方许晋见"。贯休大笑道："州亦难添，诗也难改。闲云野鹤，何天不可飞。"说罢飘然他往，到四川丛林中去了。

虽为一介武夫，钱镠倒还留下一件风流韵事。他有一位宠妃，每逢新岁正月，一定要到临安乡下的娘家去住几天。钱镠看到大地春回，就写信给宠妃说："陌上花开，可缓缓归矣。"缓缓归来的，不仅是一位绝色女子，还有明媚的春天。"缓缓"二字，有多少温存体贴。这句话传开以后，杭人就编了一首民歌，情思宛转，听之凄然。可惜原曲已经失传，后来苏东坡来杭，嫌这首歌"鄙野"，另外做了三首，其一云：

陌上花开蝴蝶飞，江山犹是昔人非。

遗民几度垂垂老，游女长歌《缓缓归》。

又清人赵翼《西湖咏古》诗中，也有：

千秋英气潮头弩，三月风情陌上花。

今人夏承焘七绝是一个总结：

铁弩江山话劫灰，尚留一塔阅潮回。沧桑不挂山僧眼，立尽斜阳数雁来。

"尚留一塔"指六和塔，但保俶塔也留存下来了。这座建于钱镠时期的九层宝塔(现为七层)，高45.3米，是用

宝石流霞

砖石砌成的实心建筑，塔身呈八棱形，修长玲珑，上下匀称，线条柔和优美，在湖上诸塔中，它的造型最为俏丽。现在的塔身，是在1933年由民间集资依原样修复的。它已成为杭州的市招、西湖的标志。

不知怎么，每当见到这个标帜，我就会从"宝石如美人"联想到"陌上花开，可缓缓归矣"。虽然"沧桑不挂山僧眼"，但凡庸如我辈者，总会由此回忆起人生中一些美好的日子。现"宝石流霞"已成"新西湖十景"之一。山体属火成岩，山岩呈赭色，在阳光照射下，莹如宝石，且多为巨石、奇石，还有险峻的石峡——蹬开岭。

北 山 诸 洞

栖霞岭上，桃花烂灿，色如凝霞。……栖霞洞，在妙智庵左，地多怪石，隐翳榛莽中，贾似道望而异之，命施畚锸，倏见奇邃，乃抉藏剔幽，……入其中，穹然如夏屋……寒骨凄神，不可久仁，故暑游最胜。……紫云洞，在岭巅，去妙智庵数百步许。倚空如悬，阴凉彻骨。

钟毓龙《说杭州》补记：

一曰紫云，在(栖霞)岭之西北，高二丈余。石色如暮云凝紫，故名。从洞中下级二十余，隆然若堂，内外明朗。室中有石楼倒垂，上设峻槛，俨如悬索，有梯可升。内供观世音佛像，座镌"紫云洞天"四大字。洞底望石楼上行者，如元夜看走马灯中人。旁有深穴，直下无底，窥之暗黑。昔有虎误落其中，震撼数日，不得出而毙。……沿壁以入，又得一洞，亦复敞豁。当天忽裂，大如掌，日光下射。壁间藤树，森瘦寒擢，皆从裂处上刺。其右峭壁，半覆半倚。低至壁根，有泉方可三尺，水极清澈。此洞于各洞为最奇，故杭人无不知之。一曰金鼓，在岭北紫龙山下。昔人伐石其间，闻金鼓声作，乃止，故以为名。覆石为屋，中有小龛，可坐。洞口有泉曰白沙，深窈莫测。……一曰归云，在山坳中，距金鼓洞百余步，不甚宽深。而洞外石骨嶙峋，文多皱叠，若朵云之驻山，因以为名。一曰香山，在岳王坟后之香山庵内。洞甚小，内设神像。一曰黄龙，在扫帚坞内。坞以形似名。宋时名护国仁王院洞，以洞在院东也。名以黄龙者，以其深窈莫测，水泉绀凛，旱不竭而潦不盈，故老相传，昔夏雨初霁时，常有神物蜿蜒卧松上，其气苒苒然而

色黄，故以为名。……洞之上又有一洞，曰卧云。或谓此乃真正之黄龙洞也。一曰无门，一名天龙，距黄龙洞西北半里许。……一曰蝙蝠，在金鼓洞东北。洞口不大，入内则宽广，由两山壁夹立而成。夏时，壁缝间蝙蝠累累倒悬，大者尺许。入近洞口，辄拍拍拂人眉宇。夜明沙遍地，秽不可当。故洞虽幽邃，往探者少也。

关于紫云洞，清人沈复在《浮生六记》中言："午后，偕绩之(作者友人)纳凉于紫云洞，大可容数十人。石窍上透日光。有人设短几矮凳，卖酒于此。解衣小酌，尝鹿脯甚妙，佐以鲜菱雪藕。微酣出洞。绩之曰：'上有初阳台颇高旷，盍(何不)往一游？'余亦兴发，奋勇登其巅。觉西湖如镜，杭城如丸，钱塘江如带，极目可数百里。此平生第一大观也。坐良久，阳乌将落，相携下山，南屏晚钟动矣。"

按初阳台在葛岭，《游览志》曾记：

初阳台在山巅。葛仙翁修真时，吸日月精华于此。高朗宜远眺。清晓烟消，日出海底，炯然奇观。

钟毓龙《说杭州》写得更为生动：

相传每岁十月朔日，可见日月并

栖霞岭（20世纪30年代）

升，称为异景。或谓不必十月朔日。凡每日日初出时，四山皆晦，惟台上独明。瞬息间霞光万道，天半皆亦，离奇变幻，不可端倪。

"日月并升"，阴阳双璧，红白交映，悬挂天幕，何等令人心醉的"异景"！

"葛岭朝暾"曾被列为元代"钱塘八景"之一。看来洞内景毕竟不如洞外景。无论是宋时"西湖十景"、元时"钱塘八景"，还是清代的"西湖十八景"，没有一处是属于洞景的。

每当我从西湖的岩洞出来时，总恍惚迷离，被阳光融化，被色彩迷惑，被清新空气陶醉。

黄裳先生在《葛岭山居》中，提到一段路径：

山路是颇为荒秽的，也很陡峭，没有什么游人，但我看这里的风景实在极好，随时都有合抱的古树，峻削的崖石和淙淙的涧水。有一处地方，格局与苏州虎丘的剑池极为相似，但论雄浑幽峭还要好得远。

当然洞中也有佳处。今人蒋星煜的《杭游片断》，特别提到一位清白道人(俗姓周)，写得一手苍劲雄奇的行书。两人讨论杭州的匾题楹联，"他只赞成黄龙洞的易大厂所写的'黄泽不竭，老子其犹'。因为黄龙洞是道教，所以可以用黄老两字相对，'老子其犹龙乎'这才是完整的一句，下面龙乎这两个字不要，却正是神龙见首不见尾的意思。我也觉这一对别具匠心"。

《史记·老庄申韩列传》记孔子问礼于老子，事后孔子赞叹："鸟，吾知其能飞；鱼，吾知其能游；兽，吾知其能走……至于龙，吾不能知其乘风云而上天。吾今见老子，其犹龙邪！"

作为寺观园林，清杭州二十四景有"黄龙积翠"。现移"积翠"为"吐翠"，成为"新西湖十景"之一。

黄龙洞(20世纪30年代)

曲院风荷

九里松旁,旧有曲院……宋时取金沙涧之水造曲以酿官酒,其地多荷花,世称"曲院风荷"是也。

每当风过,香沁心脾,故以夏景著称。宋亡院废,湖亦淤为平陆。明末王瀍所写,当为想象之作:"古来曲院枕荷塘,风过犹疑酿酝香。熏得凌波仙子醉,锦裳零落怯新凉。"

据清人翟灏《湖山便览》所记:当时其实叫"麯院荷风"。随着西湖逐渐向东淤塞缩小,旧址都无从确考了。1699年,为迎接康熙游幸,两江总督李卫才在岳坟东北角引种荷花、苏堤第六桥(跨虹)北构筑亭榭。康熙改"麯院"为"曲院",改"荷风"为"风荷"。

但我总觉得"荷风"的味道更悠长一些,当时的官酒,应该是带着荷香的吧。我想起庾信的"荷风惊浴鸟,桥影聚行鱼",孟浩然的"荷风送香气,竹露滴清响"……还想起一位名叫永井荷风的日本唯美派作家,他酷爱中国古典文学,且深有体会,曾写过:"到了秋末,在一夜比一夜更加强劲的西风里倾听那断断续续的钟声,就好比阅读屈原的《楚辞》呢。"还在《浮世绘鉴赏》一文中说:

斜倚竹窗、茫然眺望流水的艺妓的身影使我欢喜。叫卖荞麦面条的灯

曲院风荷

火凄然的河畔夜景使我迷醉。雨夜初霁，杜鹃啼月。时雨霏霏，秋叶飘零。落花当风，钟声远逝。日暮途穷，雪满山路……大凡这世上无依无靠无望无着恍如春梦令人嗟叹的事物，悉可使我亲近，使我怀想。

这种情趣，大概便是东方人的雅致吧。明人黎遂球在《西湖杂记》中言："每棹小舟入荷花中，风雨至，则裹叶为巾帻，湿沾衣袂，久乃常闻荷气。"恰如张岱在《西湖七月半》中所记："吾辈纵舟，酣睡于十里荷花之中。香气拍人，清梦甚惬。"

今人夏敦《沐在湖山的秋光中》也说：

固然，大家对于西湖太熟了，对于传统的西湖名胜，什么八景十景之类，也有些厌腻了；其实你尽可以把这些雅致的"题名"置之不理，照着自己的意思去寻访，去欣赏。湖光山色，各具特征，正不必人云亦云，依样葫芦；当你找到一个地方，可以把自己的身心暂时安顿下来，好像花瓶的座子，恰巧合适地把它托拥着，一些也没有勉强或迁就的意味，那末这便是你心目中最佳的景色所在了，你正不妨在那里流连上半天一天，尽情玩赏。要是用着"点验"的方式，赶着到东到西，忙

夏日荷塘

个不了，而结果还是落得一个"活仑吞枣"，那就糟了。

历代写晨荷的西湖诗，以杨万里《晓出净慈寺送林子方》为冠（见本书《夏湖》）。净慈寺在南屏山下，可见西湖处处皆荷。另明人高濂《四时幽赏录·乘露剖莲雪藕》也十分诱人：

莲实之味，美在清晨，水气夜浮，

斯时正足，若日出露晞，鲜美已去过半。当夜宿岳王祠侧，湖莲最多。晓剖百房，饱啖足味。藕以出水为佳，色绿为美。

写夜荷，则首推姜夔《湖上寓居杂吟》（其九）：

苑墙曲曲柳冥冥，人静山空见一灯。

荷叶似云香不断，小船摇曳入西泠。

诗中所写，正是沿苏堤入西泠一带的胜景。宋代从苏堤跨虹桥向东，到西泠桥的西角，都种满了荷花。清人李卫选"曲院风荷"新址，大概也考虑到这个因素。

我还注意到，"荷叶似云香不断"，不写花香，偏爱叶香，独得清冷之气。宋人刘挚《湖上口号》也云："绿荷深不见湖光，万柄清风动晚凉。莫恨红葩犹未烂（熟），叶香元是胜花香。"罗与之还专门写过一首《看叶》诗："红紫飘零草不芳，始宜携杖向池塘。看花应不如看叶，绿影扶疏意味长。"如果把唐诗比做牡丹海棠，那么宋诗便是寒梅秋菊，甚至可以说是"意味长"的绿叶了。

2004年10月23日，看中央电视台播放《〈人间天堂〉——杭州西湖博览会开幕式大型文艺晚会》，当藏族女歌手索朗旺姆当众演唱《青藏高原》时，我忽然感觉到一种奇异的反差，心里涌出了两句诗：

荷花覆盖着西湖，
青稞摇曳着西藏。

玉　泉

玉泉寺，故名净空院，南齐建元中，僧昙超说法于此，龙王来听，为

《西湖梦寻》书影

之抚掌出泉，遂建龙王祠。晋天福三年，始建净空院于泉左。宋理宗书"玉泉净空院"额以榜之。祠前有池亩许，清澈可鉴，蓄五色鱼数十头，游泳如画。

[玉泉寺，原先叫做净空院。南齐建元年间（479—482），昙超和尚在这里讲过佛法。龙王爷前来听讲，因为他讲得好而鼓起掌来，就涌出了一股泉水，这就建造了一座龙王祠。后晋天福元年（936），开始在玉泉的左边建起了净空院。南宋理宗写了"玉泉净空院"的匾额。龙王祠前面有一个一亩方圆的池塘，清澈得就像镜子一般可以照物，池中养着五颜六色的鱼几十条，它们游动时，美得仿佛在图画中一样。]

玉泉与大慈山下的虎跑泉、龙井山中的龙井泉，合称为西湖三大名泉。它与虎跑，龙井不同，不是在坚硬如基岩（如砂岩和石灰岩）裂隙中地下水露出地面而形成的泉。从灵隐到玉泉，有个坡度，地质上称"洪积扇"，组成"洪积扇"的洪水冲积物是一种松散的沙石层，透水性强，灵隐溪壑的地下水源源不断倾注玉泉，途

玉泉（20世纪30年代）

鱼乐园（20世纪30年代）

中受阻于玉泉山而壅高，只得汩汩涌出地面，形成了玉泉，大旱不干，大涝不盈。

宋以来，泉池中就一直饲养着五色巨鲤。张岱《西湖梦寻·玉泉寺》记："泉白如玉。水望澄明，渊无潜甲。中有五色鱼百余尾。投以饼饵，则奋鳍鼓鬣，攫夺盘旋，大有情致。"如今游人至此，仍可见群鱼扬鳍而来、聚吻争吞的景观。

明代书画家董其昌所书的"鱼乐国"三字匾额，就悬在池畔的亭廊之上。不独表示鱼乐，而且表示别有天地。"鱼乐"典故出自《庄子·秋水》："庄子与惠子游于濠梁之上。庄子曰：'鲦鱼出游从容，是鱼乐也。'惠子曰：'子非鱼，安知鱼之乐？'庄子曰：'子非我，安知我不知鱼之乐？'"从前池畔亭柱上刻有一联："鱼乐人亦乐；泉清心共清"，仿佛是投庄子一票的。现代书画家钱君匋的楹联，却有所扬弃："休羡巨鱼夺食；聊以清泉洗心"。现代小说家王统照在《西湖沉醉记》中也详述："在将近黄昏时，我们又到清涟寺去看了玉泉的池鱼，泼剌的鳞影，清漪的水波,静到极处,也使我们的灵魂安闲到了极处……"

张岱似乎寓有深意:

> 春时,游人甚众,各携果饵,到寺观鱼。喂饲之多,鱼皆餍饫。较之放生池,则"侏儒饱欲死"矣。

"侏儒"句出于《汉书·东方朔传》:"臣朔生亦言,死亦言。侏儒长三尺余,奉一囊粟,钱二百四十。臣朔长九尺余,亦奉一囊粟,钱二百四十。侏儒饱欲死,臣朔饥欲死。"

清代查人渶则直接投了惠子一票,在《玉泉观鱼记》的文末,发了一通议论:

> 夫以一池之隘,而忘江湖之乐,得所求也,岂遂无沧溟渤澥之思?苟利其食,久而失其本心耳!众方叹赏以为鱼乐,余心有所感,默而识之。

翻成白话,大意是:因为有了一个狭小的泉池,便忘了在大江大湖里的快乐,得到一点需求的东西,难道就没有了对大海的思念吗?贪求那些食物的好处,时间长了就丧失了鱼的天性!大家都赞叹鱼的快乐,我的心中却很有感慨,便暗暗记下不忘。

九里云松

> 九里松,唐刺史袁仁敬守杭,植松以达灵竺,凡九里,左右各三行,每行相去八九尺,苍翠夹道。

人们爱谈唐相李泌凿六井、白居易修湖堤,而常常忘记另一位造福杭州的唐人——袁仁敬。唐玄宗开元十三年(725),袁仁敬任杭州刺史,在政务余暇,命人种植了"九里云松",成为"钱塘八景"之一。李卫主修的《西湖志》也载:

> 唐刺史袁仁敬植松于行春桥,西达灵竺路,左右各三行,每行相去八九尺。苍翠夹道,阴霭如云,日光穿漏,若碎金屑玉。人行其间,衣裤尽绿。

有种树者,便有伐木者。据陆游《老学庵笔记》载:南宋绍兴年间,宫廷中有人想砍伐九里松的松树制作御墨。戴彦衡上书力言九里松的松树是平地树,不宜制墨。宋高宗赵构这次倒也听取了。

《游览志》又记:九里松附近有集庆寺,是宋理宗为他的宠妃阎妃所建的功德院。阎妃是鄞县(今浙江宁波)

九里云松（20世纪30年代）

人，明艳绝伦，专宠后宫。动工的时候，看见茂盛的大树便砍，连功勋旧家的产业也保不住。对平民鞭抽棒打，对逃亡的人追赶逮捕，闹得地方上鸡犬不宁。当时有人在大殿旁大鼓的皮面上写了一首顺口溜："净慈、灵隐、三天竺，不及阎妃好面皮。"理宗恨得要命，令人广搜严查，还是没有找到此人。

清人梁绍壬《两般秋雨斋笔记》也说了关于集庆寺的一个故事。阎妃的父亲阎良臣想要采伐灵隐的大树，以供屋材。有位名元肇、号淮海的僧人写诗道："不为栽松种茯苓，只缘山色四时青。老僧不许移松去，留与西湖作画屏。"这首诗传到理宗那里，才下令停止砍伐。

但集庆寺毕竟建成了，九里云松想必也砍了不少。南宋皇帝真是一蟹不如一蟹。理宗不理，良臣不良！到梁绍壬时，"惟断垣四面、古佛一龛而已"。

明中期以后，那些劫后余生的古松，仍在遭到砍伐。张京元《九里松》云：

九里松者，仅见一株两株，如飞龙劈空、雄古奇伟。想当年万绿参天，松风声壮于钱塘潮,今已化为乌有。更千万岁,桑田沧海,恐北高峰头有螺蚌壳矣。安问树有无者?

但"九里云松"终于得复旧观,因为有伐木者,便有种树者、护林者!如今信步九里松,巨荫蔽日,凉风习习,便会想起袁仁敬们、戴彦衡们、元肇们,兴致高的情侣,还会吟诵载于《游览志余》,又被收入各种词选本的、南宋康与之的《长相思》:

南高峰,北高峰,一片湖光烟霭中。春来愁杀侬。

郎意浓,妾意浓,油壁车轻郎马骢,相逢九里松。

冷泉亭(一)

冷泉亭,唐刺史元荸建,旧在水中,今依涧而立。冷泉二字,乃白乐天所书,亭字乃苏子瞻续书,今亦亡矣。……白乐天记略云:"东南山水,余杭为最。就郡则灵隐寺为最,就寺则冷泉亭为最。亭在山下水中,寺西南隅,高不倍寻,广不累丈,撮奇搜胜,物无遁形。春之日,草薰木欣,可以导和纳粹,畅人气血。夏之日,风冷泉淳,可以蠲烦析酲,起人幽情。山树为盖,岩石为屏,云从栋生,水与阶平,坐而玩之,可濯足于床下,卧而狎之,可垂钓于枕上。潺湲洁澈,甘粹柔滑,眼目之罢,心舌之垢,不待盥涤,见辄除去。"

[冷泉亭,是唐代刺史元荸建立的。亭子过去在水中,如今靠着山涧边突立。"冷泉"二字,是白乐天书写的,"亭"字为苏子瞻续写,今天都已经不存在了。白乐天为亭子写过记,大略说:"东南地区的山水风景,余杭郡最出色。就余杭郡来说,冷泉亭数第一。亭子位置在山脚下,溪水中间,灵隐寺的西南角上。高度不到一丈六尺,方圆不到两丈。可是,它造型奇特,占有好的地形,可以览尽四围的一切胜景,毫无遗漏。春天里,我喜爱那里百草繁茂,树木欣欣向荣,可以引导阳和,接纳精英,叫人气血舒畅。夏天的晚上,风儿凉爽,泉水澄清,可以消散烦热,解去醉意,给人深幽的心情。山上的树荫就是伞盖,水边的岩石就是屏风。云气从亭子的柱栋里生出来,溪水跟亭子的台阶一样齐。坐在那里赏玩四周的景物,可以在床榻下面洗脚;躺在那里无拘无束,也可以在枕头边上放线钓鱼。清澈的小溪悠悠流过,凝聚着甘甜,又柔和又滑润。眼睛耳朵边的尘罢,心思口舌上的污秽,不必经过洗

冷泉亭

涤，一看到这些景色就会消除得干干净净。"]

"元芎（xù）"，杭州刺史，白居易的前任。"白乐天"即白居易，号乐天。"苏子瞻"即苏轼，字子瞻，号东坡。白居易的《冷泉亭记》，与《游览志》引文略有出入，兹不赘述，因为意思是相同的。

《游览志》还引了不少诗，内有北宋进士林稹（字丹山）的《冷泉亭》：

一泓清可沁诗脾，冷暖年来只自知。

流向西湖载歌舞，回头不是在山时。

立意上自然受杜甫《佳人》诗"在山泉水清，出山泉水浊"的影响，但又有感而发，冷暖自知，特别是后两句，指出冷暖变化的例证：始出山时明澈清凉，流入西湖，浮载歌船舞艇，便与湖水同浊合污了。

元人韦居安《梅磵诗话》在指出此诗"颇为人所称诵"后，又摘举江西临川陈藏一的续诗：

岩石空寒玉有声，亭前渊静镜生明。

白居易像

从他流入香尘去，不碍源头彻
底清。

认为陈诗"亦有意味"。

其实，林稹标举的是一种操守，他
仿佛南宋林升的"诗兄"，启发林升写
下那首《题临安邸》："山外青山楼外
楼，西湖歌舞几时休？暖风熏得游人
醉，直把杭州作汴州。"

陈藏一玩弄的是一种世故，"从他
流入香尘去，不碍源头彻底清"，已是
降格以求，自欺欺人了。

张岱在《西湖梦寻·冷泉亭》中
也提到过林稹的这首诗。他倒是十分
坦率，认为这里的水声带着音乐的韵
味，已经比湖面上的歌舞声占先了。
"不入西湖，安入乎？"（这水声的音乐

不是传进西湖，又向哪儿去呢？）并趁
机发了一通议论：

余尝谓：住西湖之人，无人不带歌
舞，无山不带歌舞，无水不带歌舞，脂
粉纨绮，即村妇山僧，亦所不免。因忆
眉公（即陈继儒，号眉公，明代文学家、
书画家——笔者）之言曰："西湖有名
山，无处士；有古刹，无高僧；有红粉，
无佳人；有花朝，无月夕。"

东坡《书林逋诗后》："吴侬生长
湖山曲，呼吸湖光饮山绿，不论世外隐
君子，佣儿贩妇皆冰雪。……"《儒林
外史》中杜慎卿言，金陵的"菜佣酒保
都有六朝烟水气"。但张岱的讽刺是
显而易见的。

对于"有花朝，无月夕"一句，
也即张岱在《西湖七月半》中所言的
"杭人游湖，已出酉归，避月如仇"。
在《冷泉亭》文末，他也特别标举了
这一点：

余在西湖，多在湖船作寓，夜夜见
湖上之月；而今又避嚣灵隐，夜坐冷泉
亭，又夜夜对山间之月，何福消受！余
故谓：西湖幽赏，无过东坡，亦未免遇
夜入城。而深山清寂，皓月空明，枕石
漱流，卧醒花影，除林和靖、李岣嵝之
外，亦不见有多人矣。即慧理、宾王，

亦不许其同在卧次。

[我呆在西湖上边，多半把湖船当作住所，夜夜看得到西湖上的月亮。如今又在灵隐寺里躲避喧嚣，晚上坐在冷泉亭上，又夜夜面对山里的月亮。哪里来的福分能得到这么好的享受！所以我说：对西湖的深入欣赏，没有超过苏东坡的，可是他也还免不了一到夜晚就进城去。真能领略深山的清静、凉月的光辉，枕着石块，用溪水漱口，带着醉意躺在花影里的，除掉林和靖、李峋嵝之外，恐怕再也没有多少人了。即使是慧理和尚、骆宾王才子，也不许他们一同留在卧榻旁边。]

"李峋嵝"指李茇(bá音拔)，明武林人，于灵隐、韬光山麓建"峋嵝(gǒu lǒu音苟楼)山房"，是一座在回溪绝壑之上的园林式别墅。"峋嵝"原本指南岳衡山。李茇字元昭，好交游，擅诗词。

大概在张岱看来，无论在山出山，关键在于胸中要有一泓冷泉。但他那股狂气，也如冷泉一样森然逼人。

冷泉亭 (二)

张岱提到的慧理，详见本书《飞来峰》一文。至于骆宾王，《游览志余》记：

骆宾王之败也，落发灵隐寺中，人无识者。宋之问游寺，月下绕廊吟曰："鹫岭郁岧峣，龙宫锁寂寥。"数过不彻。有一僧对长明灯，坐大禅床，问曰："少年何事苦吟？"之问曰："欲题此寺，而思不属。"僧曰："何不云'楼观沧海日，门对浙江潮'？"之问惊喜，遂为终篇云："桂子月中落，天香云外飘。扪萝登塔远，刳木取泉遥。霜薄花更发，冰轻叶互凋。凤龄尚遁异，搜对涤烦嚣。待入天台寺，看予度石桥。"迟明访之，已不见矣。人始知为骆宾王也。

[骆宾王失败后，削发到灵隐寺为僧，没有人认识他。宋之问游寺，在月光下绕着走廊吟诗，刚吟了"鹫岭郁岧峣，龙宫锁寂寥"二句，就续不下去了，想了几次都没有成功。有一老僧对着长明灯，坐在大禅床上，问道："年轻人，你为什么夜里不睡觉，这样苦苦吟诗呢？"宋之问回答："我想写一首题此寺院的诗，但是才得到两句，诗思就联不下去了。"老僧说："你为什么不用'楼观沧海日，门对浙江潮'呢？"宋之问大为惊喜，思路遂通，写完了整首诗（诗略）。第二天早上再去拜访老僧，已经不知去向。于是人们才知道这位

冷泉（20世纪30年代）

老僧便是骆宾王。]

　　原来徐敬业从扬州起兵讨伐已登帝位的武则天，"初唐四杰"之一、时为军中文书的骆宾王写下一篇名震天下的檄文。徐敬业失败后，遭通缉的骆宾王不知所终。有说他在乱军中被杀，有说他出家当了和尚。对灵隐寺这则传闻，清人翟灏在《湖山便览》中便提出质疑："似此，则二人竟初未相识矣。然骆与宋当时屡有往还投赠之诗，……"也就是

说，骆宾王在参加讨武军队之前，与宋之问早有相互赠诗之交。看来，这首诗的著作权，当属宋之问。传闻只是表达了人们对才子骆宾王的痛惜之情。

　　现对《灵隐寺》诗略作注解："鹫岭"指飞来峰。"岧峣(tiáo yáo音条尧)"：山势高峻。除"楼观"一联外，"桂子"一联也很有名。白居易有"山寺月中寻桂子"（《忆江南》）、"宿因月桂落"（《留题天竺、灵隐二寺》）。灵隐、天竺二寺，每到秋爽时节，常有似豆的颗粒从天飘洒，相传是从月宫的桂树上落下来的。"扪萝"：抓住藤萝。"刳(kū音枯)木"：挖空木头做成水瓢。"夙龄"二句说：我从小就喜欢远方的奇异风景，今天有机会面对这惬意的景致，正好洗涤我心中尘世的烦恼。"天台寺"，正本作"天台路"，在浙东天台县，传说古人入天台山采药遇仙。"石桥"：天台山的楢(yǒu音由)溪上有石桥，宽不足一尺，长数十丈，下临深涧。这是诗人游兴未尽的想象。

　　灵隐寺后的韬光庵旧有"楼观沧海日，门对浙江潮"一联。但初唐宋之问时尚无韬光庵，寺后山峰仍属灵隐寺范围。大概宋之问这两句是从灵隐西峰巢枸坞等地势较高的地方着眼写的。所以明人袁宏道《西

湖记述》言：

辋光在山之腰，出灵隐后一二里，……庵内望钱塘江，浪纹可数。余始入灵隐，疑宋之问诗不似，意古人取景或亦如近代词客捃拾帮凑。及登辋光，始知"沧海"、"浙江"、"扪萝"、"刳木"数语，字字入画，古人真不可及也。

"捃(jùn音郡)拾"：拾取。"帮凑"：拼凑。

说到苏东坡，张岱则有些武断了。须知宋、元时，杭人游湖，凌晨要等城门开启，黄昏又得赶回，免得钱塘、涌金、清波等城门关闭。东坡作为一城太守，自当遵守。

当然，浪漫的东坡也有过夜出游湖，《夜泛西湖五绝》便是佐证。见本书《东坡夜游湖》。据费衮《梁溪漫志》载：

东坡镇余杭时，遇游西湖，多令旌旗导从出钱塘门。坡则自涌金门从一二老兵泛舟绝湖而来，饭于普安院，徜徉灵隐、天竺间，以吏牍自随，至冷泉亭，则据案剖决，落笔如风雨。分争辨讼，谈笑而办。已乃与僚吏剧饮。薄暮，则乘马以归。夹道灯火，纵观太守。

[苏东坡在杭州做知州的时候，遇到游览西湖，总是吩咐仪仗队和随从人员从钱塘门出城，自己却由一两名老兵跟随，从涌金门外放一小船，横渡湖面，到普安寺吃午饭，然后在灵隐、天竺一带自由自在地游逛。他总随身带着书办和案卷，到了冷泉亭，便端坐在书案边裁决案件，下笔快捷得像阵风急雨。剖解纠纷，判断诉讼，一边谈笑，一边办公事。办完公事便与幕僚们痛快地喝酒。傍晚，他骑马回城。街面两旁灯火通明，听任市民们观看这位知州大爷的风采。]

清人俞樾(曲园，俞平伯的祖父)在《与杜小舫方伯书》中，也记下他与老妻在冷泉亭的一则韵事：

亭中悬平斋所书"泉自几时冷起"一联。内子谓问语甚隽，请作对语。仆因云："泉自有时冷起，峰从无处飞来。"内子云："不如竟道'泉自冷时冷起，峰从飞处飞来'。"相与大笑。

吴平斋是清代的一位道员。原联为："泉自几时冷起，峰从何处飞来。"这是俞樾《春在堂随笔》所记。但梁章钜所编《楹联丛话》又认为是明代书画家董其昌所撰。

飞 来 峰

飞来峰,界乎灵隐、天竺两山之间,盖支龙之秀演者,高不逾数十丈,而怪石森立,青苍玉削,若骇豹蹲狮,笔卓剑植,衡从偃仰,益玩益奇。上多异木,不假土壤,根生石外,矫若龙蛇,郁郁然丹蕴翠蕤,蒙幂联络,冬夏常青。烟、雨、雪、月,四景尤佳。其下岩扃窈窕,屈曲通明,壁间布镌佛像,皆元浮屠杨琏真伽所为也。晋咸和元年,西僧慧理登而叹曰:"此乃中天竺国灵鹫山之小岭,不知何以飞来,仙灵隐窟,今复尔否?"因树锡结庵,名曰灵隐,命其峰曰飞来。支分而回拱者,曰灵鹫,曰稽留,曰月桂,曰莲花,盘礴照耀,争奇而竞秀,乳漉泠泠,大旱不绝。

[飞来峰,位置在灵隐、天竺这两座山之间,原来是山的一支龙脉显得特别灵秀的。高不超过几十丈,但怪石林立,青苍的颜色像削光的玉,有的像受惊的豹子,有的像蹲伏的狮子,有的像笔管直竖,有的像宝剑倒插,横赏直看,低视仰观,越看越感到奇特。山上长着许多奇异的树木,不借一点点土壤,让根株裸生在石缝外面,弯环如龙蛇。繁密的尽是朱红的花、翠绿的藤蔓,遮遮掩掩,牵牵挂挂,冬夏常青。含烟、沾雨、蒙雪、映月,这四种景色尤其美妙。山峰下面,洞穴深幽,曲折通透。石壁上到处凿刻着佛像,都是元朝喇嘛杨琏真伽搞出来的。晋咸和元年(326),西天和尚慧理登上这座山,惊叹地说:"这是中天竺国灵鹫山的一座小岭,不知为什么会飞来的。这小岭原来是仙灵隐居的地方,如今还是这样吗?"因此他在这里定居,结搭了庵堂,命名灵隐,还把那座山峰叫飞来峰。分支延伸、回环围拢的山峰,有灵鹫峰、稽留峰、月桂峰、莲花峰,气象开阔,互相映衬,争奇竞秀。山里溪水清凉,大旱年月也从不枯竭。]

袁宏道对飞来峰的评价,仿照了杜牧评李贺歌诗的句法:

湖上诸峰,当以飞来为第一。高不逾数十丈,而苍翠玉立。渴虎奔猊,不足为其怒也;神呼鬼立,不足为其怪也;秋水暮烟,不足为其色也;颠书吴画,不足为其变幻诘曲也。

"猊"指狻猊,即狮子。"颠书吴画"指唐代张旭的草书、吴道子的绘画。相传张旭往往大醉后狂喊奔走,然后落笔,时称"张颠"。接下去，借用了《游览志》一段文字，却不像田汝成客观记述，对杨琏真伽，大有怨恨：

　　石上多异木，不假土壤，根生石外。前后大小洞四五，窈窕通明，溜乳作花，若刻若镂。壁间佛像，皆杨髡所为，如美人面上瘢痕，奇丑可厌。

　　髡(kūn音昆)：古代去发之刑。"杨髡"指元代番僧杨琏真伽，有"杨秃子"之意。杨琏真伽在忽必烈时为"江南释教都总统"。他曾率人盗掘南宋在钱塘、绍兴一带的帝后大臣陵墓一百零一所，窃取其中的殉葬珠宝，一任骸骨抛洒野地。这在中国历史上是罕见的野蛮暴行，令人发指。南宋遗民无不痛心疾首。激于民族感情，明人也对他恨之入骨。

　　袁宏道因人而迁怒于佛像，仅见于言辞。据张岱《西湖梦寻》记："田公汝成锥碎其一，余少年读书峋嵝，亦碎其一。"但田汝成在《游览志

飞来峰造像群一角

飞来峰图

余》中记"击杨琏真伽等三髡像于飞来峰，枭之灵隐山下"的人，不是他自己，而是杭州知府陈士贤。不管怎样，田公也并不"客观"，自有爱憎。"岣嵝"指"岣嵝山房"，在灵隐韬光山下。

张岱另有《陶庵梦忆·岣嵝山房》，具体回忆了那次击碎佛像的经过：

一日，缘溪走看佛像，口口骂杨髡。见一波斯胡坐龙像，蛮女四五献花果，皆裸形，勒石志之，乃真伽像也。余椎落其首，并碎诸蛮女，置溺溲处以报之。寺僧以余为椎佛也，咄咄作怪事，及知为杨髡，皆欢喜赞叹。

［有一天，我沿着山溪一路走去，一边看那石刻佛像，一边不住嘴地咒

骂杨秃驴。后来我看到一座骑龙的番僧浮雕像,旁边雕着四五个奉献花果的番女,都是裸体,从石刻上的说明文字看,那番僧正是杨琏真伽。我把他的头打落在地,把几个番女也给砸碎,一起丢进小便池作为对他们的报复。庙里的和尚认为我在砸佛像,连声咋咋地当成怪事。等知道砸的是杨秃驴的像,众人都感到高兴,夸我砸得好。]

张岱的这种举动,虽出于义愤,从今天来看,却不免显得鲁莽幼稚。因为那些佛像本身为艺术品。塔利班炸毁巴米扬大佛,已为文明世界所共斥,当然这只是极端的例子,张岱更不是红卫兵或塔利班分子。还须说明的是,飞来峰石雕也并不如田汝成所言"皆元浮屠杨琏真伽所为也"。钟毓龙《说杭州》辩道:

飞来峰石壁遍镌佛像,多至不可胜计。陆羽《灵隐寺记》曰:"有僧于岩上周围镌罗汉佛菩萨",则可知是种佛像,唐以前已有之。考据灵隐造像者,自后周至宋,已不下百余。宋以后更不在内,宜其若是之弥漫也。世谓皆元初番僧杨琏真伽所凿,非也。……近世镌刻者亦多。

但他还是痛心地看到:"有多宝天王像,以石为龛,在岩石间。人亦以为杨髡,或击以棍,或自远以石投之。寺僧恐其损坏,以铁蒺藜线密蒙其外,然投石者仍多。"

明人郎瑛在《七修类稿》中曾记一联:"飞峰一动不如一静;念佛求人不如求己。"可将上联移赠给那些投石击像者、自题其名者。

《游览志》又载:

呼猿洞,在冷泉亭左,晋慧理尝畜白猿于此。六朝宋时,有僧智一访旧迹,畜猿于山,临涧长啸,则诸猿毕集,谓之"猿父"。

并记明人李晔诗云:

灵隐寺外冷泉亭,萝风吹日昼冥冥。

猿啼一声松子落,无数白云生翠屏。

"冷泉猿啸"被列为"钱塘八景"之一。

《游览志余》收有王安石《登飞来峰》诗:

飞来山上千寻塔,闻说鸡鸣见日升。

不畏浮云遮望眼,自缘身在最

高层。

李壁《王荆文公诗笺注》已提出疑问:"灵隐飞来峰,则无塔,兼所见亦不远,恐别一处也。"明人瞿佑《归田诗话》引作《咏北高峰塔》,《游览志余》也转引瞿文作此题,未知所据。经蒋礼鸿先生考证,"飞来山上千寻塔",实为越州(今浙江绍兴)飞来山之塔。传说山从山东琅琊海上飞来,故名。山上有应天塔,今俗称塔山。其地高敞,"越之形胜,十得六七"。与王诗所写正相符。皇祐二年(1050),王安石知鄞县(今浙江宁波)秩满而归,途经越州,有《登越州城楼》诗。此诗当为同时所作。

棱层分明、玲珑嵌空的飞来峰半山腰,有翠微亭,为名将韩世忠所建。《游览志》有记。岳飞被诬下狱,已罢官的韩世忠曾当面责问秦桧,秦桧以"莫须有(或许有)"三字搪塞,韩世忠愤斥:"'莫须有'三字,何以服天下?"归隐湖上后,自号"清凉居士"。一日偶游飞来峰,由"飞来"而忆岳飞,并想起岳飞生前所作《登池州(今安徽贵池)翠微峰》诗:

> 经年尘土满征衣,特特寻芳上翠微。
>
> 好山好水看不足,马蹄催趁月明归。

于是由"特特寻芳上翠微"句而建翠微亭。

青年时代,笔者曾有小诗《翠微亭》,好歹不论,也算一瓣心香:

> 都说他——
> 自遭黜免,
> 骑小驴
> 放浪泉石间。
> 殊不知
> "清凉居士"
> 忧心如煎,
> 流恨满湖山。
> 这亭呵,
> 寄托了
> 深沉的怀念,
> 也存下
> 自己的肝胆。

灵　　隐

灵隐寺又名云林寺。原有"二寺门"旧址。《临安志》记:"灵隐、天竺两山由一门而入",故名。《游览志》记白居易有诗:

> 一山分作两山门,两寺原从一

寺分。东涧水流西涧水，南山云起北山云。……

"二寺门"后被日寇烧毁。这里是灵隐和天竺的分道处。若由此向南，则入天竺。由此向西折入，经合涧桥、春淙亭，沿飞来峰、灵隐洞，至壑雷亭、冷泉亭，即达灵隐寺前。

灵隐建寺以后，又曾分成东西二寺，东称灵鹫，西称灵隐。宋景德年间，二寺又合二为一，统称灵隐。

《游览志》载："灵隐禅寺，晋咸和元年僧慧理建。"咸和元年(326)至今已有一千六七百年。原先规模不大，到五代吴越王时，才大力扩建，当时有九楼、十八阁、七十二殿堂，房舍多达一千三百余间，寺僧三千，盛极一时。北宋苏东坡曾有"高堂会食罗千夫，撞钟击鼓喧朝晡"的诗句。直到明代，张岱在《西湖梦寻》中，还说灵隐寺"香积厨中，初铸三大铜锅，锅中煮米三石，可食千人"。咸丰十年(1860)，太平军攻入杭，灵隐寺毁于战火，仅存天王殿及罗汉堂。宣统二年(1910)重建大雄宝殿。修殿的木料是从美洲运来的，原准备

灵隐大殿

灵隐寺大殿前八角九层石塔

修建颐和园所用，因政局动荡，清廷摇摇欲坠，才南运来杭。大雄宝殿西面的罗汉堂，雕塑着五百尊造型各异的精美罗汉，于抗战期间，又被日寇付之一炬。"文革"之中，灵隐寺也在劫难逃。重建工程是在1975年

11月开始的，始有今日规模，殿宇巍峨，备极华丽。

进门的天王殿里，两边塑有持国、增长、广目、多闻四大金刚像。正中佛龛中，弥勒佛跌坐蒲团，笑容可掬。背后神龛，站着手执降魔杵的护法天尊韦驮，身着铠甲，衣褶流畅。这件木雕杰作，是南宋初期的遗物，至今已有八百多年的历史。

天王殿后，便是灵隐的主要建筑大雄宝殿了。殿正中，是巨大的贴金如来佛像，情态慈祥，双眸微启，流露一派悲天悯人的情怀。宝殿两旁，罗列二十诸天像，后面是十二圆觉。这几排贴金佛像，如众星拱月，把大殿掩映得金碧辉煌。大殿后壁是"五十三参"群塑，表现善财童子南游，遍参五十三善知识始得佛果的故事。居中是大慈大悲的观音菩萨，足踏鲸背，手持斜倾的净瓶，瓶水汩汩流出，注入波涛汹涌的大海。其余一百五十多个群像，在海上仙山间高下罗列，各具姿态。

寺内配殿与堂室，也颇可一观。

叶圣陶先生在《游了三个湖》一文中说：

灵隐也去了。四十多年前头一回到灵隐就觉得那里可爱，以后每到一回杭州总得去灵隐，一直保持着对那里的好感。一进山门就望见对面的飞来峰，走到峰下向右拐弯，通过春淙亭，佳境就在眼前展开。左边是飞来峰的侧面，不说那些就山石雕成的佛像，就连那山石的凹凸、俯仰、向背，也似乎全是经名手雕出来的。石缝里长出些高高矮矮的树木，苍翠，茂密，姿态不一，又给山石添上点缀。沿峰脚是一道泉流，从西往东，水大时候急急忙忙，水小时候从从容容，泉声就有宏细疾徐的分别。道跟泉流平行，道左边先是壑雷亭，后是冷泉亭，在亭子里坐，抬头可以看飞来峰，低头可以看冷泉。道右边是灵隐寺的围墙，淡黄颜色。道上多的是大树，又大又高，说"参天"当然嫌夸张，可真做到了"荫天蔽日"。暑天到那里，不用说，顿觉清凉，就是旁的时候去，也会感觉"身在图画中"，自己跟周围的环境融和一气，挺心旷神怡的。灵隐的可爱，我以为就在这个地方。道上走走，亭子里坐坐，看看山石，听听泉声，够了，享受了灵隐了。寺里头去不去，那倒无关紧要。

这也是灵隐的一种游法。

韬 光 庵

韬光庵，韬光禅师建。师蜀人，当唐穆宗时，辞师出游。师嘱之曰："遇天可前，逢巢即止。"师游灵隐山巢沟坞，值白乐天守郡，悟曰："此吾师之命我也。"遂卓锡焉。乐天闻之，遂与为友，题其堂曰"法安"。尝以诗招之入城云："白屋炊香饭，荤膻不入家。滤泉澄葛粉，洗手摘藤花。青芥除黄叶，红姜带紫芽。命师相伴食，斋罢一瓯茶。"韬光不赴，报之诗云："山僧野性好林泉，每向岩阿倚石眠。不解栽松陪玉勒，惟能引水种金莲。白云乍可来青嶂，明月难教下碧天。城市不能飞锡去，恐妨莺啭翠楼前。"

[韬光庵是韬光禅师所建。禅师四川人，唐穆宗时，告别他的师父，到外地云游。师父叮嘱他说："遇天可前，逢巢即止。"禅师游灵隐山巢沟坞，又正逢白乐天守杭，由此领悟到："这就是我的师父指点的地方了。"就在这里结庵住下。白乐天知道了这件事，就与他成了朋友，并题他的住堂叫"法安"。白居易曾经写诗招禅师入城（诗略），韬光禅师不去，并且回了白长官一首

韬光观海亭

诗（诗略）。]

"巢枸坞"应为"巢枸坞"。两诗都比较通俗，现为个别地方作些注解。"青芥"：青绿的芥菜。"岩阿"：山岩曲处。"玉勒"：用玉制成的套在马头上带嚼口的笼头，这里借指达官贵人。"金莲"：金莲花，比喻佛门。"乍可"：只可。"飞锡"：拄着锡杖，即禅杖。

白太守得到韬光禅师的诗后，知道此人清高，"白云乍可来青嶂，明月难教下碧天"，只好自己再往山中，亲自汲水烹茗，与禅师相与论诗，以表拳拳之意。现在韬光寺中还有烹茗井、金莲池。池用"惟能引水种金莲"句意，约五尺见方，围以石栏，水清见底，久旱不涸，黄灿灿的金莲花，一茎茎伸出水面，迎风摇曳。花比梅花稍大，时有幽香。

从灵隐寺西侧经峋嵝山房可上韬光。那蜿蜒曲折、长达三里的韬光径，筠篁夹植，草树蒙密，日光穿漏，水自竹管曲折下流，声若弦索，使人步步流连。明人萧士玮在《湖山小记》中言：

大约韬光善让割其余以与峋嵝，而益成峋嵝之幽；峋嵝善借据其胜以傲韬光，而反增韬光之妍。

山腰有"观海亭"，即"韬光观海"

韬光金莲池

处。纵目回顾，灵隐寺的金色琉璃瓦顶半藏半露，在林海绿波中闪烁，视线远处，西湖微露一角，波光射眼；极目眺望，可见江流入海，长天一色，蔚为壮观。

再引萧士玮一段妙文：

初二，雨中上韬光庵。雾树相引，风烟披薄，木末飞流，江悬海挂。倦时踞石而坐，倚竹而息。大都山之姿态，得树而妍；山之骨格，得石而苍；山之营卫，得水而活；惟韬光道中能全有之。初至灵隐，求所谓"楼观沧海日，门对浙江潮"，竟无所有，至韬光，了了在吾目中矣。

"相引"：属引，连接。杜甫《自京窜至凤翔喜达行在》："雾树行相引，连山忽望开。""披薄"：覆附，笼罩。"木末(梢)"二句，与王维《送梓州李使君》诗意相近："山中一夜雨，树杪百重泉。""营卫"：血脉。"了了"：清清楚楚。

袁宏道也有过异曲同工的描写。见《冷泉亭(二)》。

天 竺

从灵隐到天门山，周遭数十里，林木蔚秀、群山环抱之中，藏着下天竺、中天竺、上天竺三座古寺，故"天竺"又称"三竺"。《游览志》记：

三竺之胜，周回数十里，而岩壑尤美者，回聚兹区。自飞来峰转至寺后，岩洞玲珑，莹拔清朗，如伏虬飞凤，层花累萼，皱縠叠浪，妍态怪状，不可缕陈。其材木皆自岩骨擢起，苍翠葱郁，不土而茂。传言兹山产玉，故腴润育物如此。

[上、中、下三座天竺山的好景致，周围有数十里。最美的山坳，环绕、聚集在这个地区。从飞来峰转到天竺寺的后面，岩洞玲珑剔透，山石莹拔清朗，像那潜伏的蛟龙、飞翔的凤凰，一层层花瓣、一级缀花朵，如起皱的丝绸、重叠的波浪，那种美妙的姿态、奇异的形状，没法细说清楚。这里的树木都从岩石缝隙里高高地撑出来，苍翠浓郁，不靠泥土却生长得十分旺盛。据说这座山里出产美玉，所以它滋润肥沃，能够这样地培育植物。]

下天竺寺离灵隐里许，创建于东晋咸和五年(330)，原名繙经院，隋时改南天竺寺。中天竺寺离下天竺寺里许，建于隋开皇十七年(597)。此后也几度易名，明洪武初，复旧名。上天竺寺，离中天竺寺二里许，

天竺山圖

行春橋

一松亭

天竺山图

五代吴越国所建，后改称灵感观音院。三寺佛事极盛，每年农历六月十九日，即俗称"观音诞辰"那天，最为热闹。

李卫主修的《西湖志》载：

方春时，乡民扶老携幼，焚香顶礼大士，以祝丰年。香车宝马，络绎于道。更有自远方负担而至者，名曰香客。凡自普陀回，向未有不至此者。

北宋苏东坡却有《雨中游天竺灵感观音院》：

中天竺寺

蚕欲老，麦半黄，前山后山雨浪浪。

农夫辍耒女废筐，白衣仙人在高堂。

蚕儿要作茧，麦穗多半也黄了，这时最需要烈日，偏偏前山后山下起了瓢泼大雨，没完没了。有人说这是讽刺观音的，联系当时东坡因反对新法而被迫离开汴京(今河南开封)的处境，我认为他意在讥讽新法扰民，当政者高高在上，漠然不知不问，似乎更为切合。

人说韬光观海，天竺观山。从下天竺到上天竺，一路青嶂，如灵鹫峰、莲花峰、月桂峰、稽留峰、中印峰、乳窦峰、白云峰、天竺峰等。灵鹫峰即飞来峰，莲花峰与之相接，山虽不高而造型特美，山上巨石壁立，顶上开散如千瓣莲花。月桂峰在下天竺寺前，峰多桂树，花白实红，明人汤显祖有《天竺中秋》诗：

江楼无烛露凄清，风动琅玕笑语明。

一夜桂花落何处？月中空有轴帘声。

下天竺寺

"琅玕"：原为神话中的宝树，后人借喻秀竹。"轴帘声"：卷帘声。今人黄锦章先生认为："结句中的一个'空'字亦颇有深意，是写月中嫦娥难耐寂寞而感到无奈，还是写作者本人徒闻其声不见其人而觉得遗憾？抑或是写两颗寂寞的心灵在中秋之夜彼此吸引，却又'盈盈一水间，脉脉不得语'，平添无限惆怅？"写过《牡丹亭》的大手笔，其诗也自有其多义性。

其他诸峰，也各有传说。天竺峰双峰削立，高与云齐，形同天门，故杭人又称其为天门山。山高455米，为西湖第一高峰，也是南、北诸山的分界。《游览志》因而曰：

上至天门，则诸山下伏，双峰锥立，西湖镜开。游览至此，譬诸洞开武库，珍宝横陈，无复底蕴。

天竺山奇石奇，特别是下天竺莲花峰一带的山石，更是晶莹清润，嵌空玲珑。白居易当了三年杭州刺史，任满离去时，别无所取，只向天竺山拣了两块石头返京，作为案头清供，还十分不安："惟向天竺山，取得两片石。此抵有千金，无乃伤清白！"苏东坡第二次来杭，离去时也只接受了下天竺僧人惠净的一块天竺石:"还将天竺一峰去,欲把云根到处栽。"

游完灵隐,倘有余暇,不妨到天竺过一把瘾,正如南宋杨万里诗中所说:

城里哦诗枉断髭,山中物物是诗题。

欲将数句了天竺,天竺前头更有诗。

北 高 峰

北高峰,石磴数百级,曲折三十六弯,上有华光庙,以奉五显之神。山半有马明王庙,春月,祈蚕者咸往焉。浮屠七层,唐天宝中建,会昌中毁,钱王修复之。宋咸淳七年复毁。群山屏列,湖水镜净,云光倒垂,万象在下。渔舟歌舫,若鸥凫出没烟波,远而益微,仅觌其影。西望罗刹江,若匹练新濯,遥接海色,茫茫无际。郡城正值江湖之间,委蛇曲折,左右映带,屋宇鳞次,草木云蓊,郁郁葱葱,悉归眉睫。山顶旧有望海阁,今废。

[北高峰,山路的石梯几百级,曲曲折折一共三十六个弯。山上有座华光庙,用来供奉五通神。半山

腰有座马明王庙,春季里祈求蚕丝丰收的人都赶到这里来。山顶上有七层宝塔,建于唐天宝年间(742—755),毁于唐会昌年间(841—846),吴越王钱镠重修,宋代咸淳七年(1271),再次被烧毁。这里,许多山峰像屏风似的围绕着,西湖平静得像一面镜子。天光云影,照见下面万种景象。打渔船、游湖船,像鸥鸟在烟波中出没,越远越显得渺小,仅仅看得出一点影子。西望罗刹江,好像一匹新洗过的白绫,远远地连接沧海,广阔得无边无际。杭州府城正位于钱塘江、西湖之间,城墙宛宛转转,左右互相映衬。房屋像鱼鳞似的排比着,草木受云气笼罩,一片郁郁葱葱,尽入眼帘。山顶过去有座望海阁,今已荒废。]

"罗刹江"即钱塘江。钟毓龙《说杭州》:"此为五代以前之名称。其时有大石矗立江心,潮浪冲击,大为舟楫患,行旅畏之,呼为罗刹石,而江遂以罗刹名。罗刹者,佛经语,译言疾速鬼也。"

由韬光径而上,即为北高峰,在这里观海、江、湖,自然比韬光又佳。

《游览志》还收有苏东坡的一首诗:"言游高峰塔,蓐食治野装。火云秋未衰,及此初旦凉。雾霏岩谷暝,日出草木香。嘉我同来人,久便

北高峰（20世纪30年代）

水云乡。相观小举足，前路高且长。古松攀龙蛇，怪石坐牛羊。渐闻钟磬音，飞鸟皆下翔。入门空无有，云海浩茫茫。惟见聋道人，老病时绝粮。问年笑不答，但指空藜床。心知不复来，欲归更彷徨。赠别留匹布，今岁天早霜。"

"蓐食"：在床上就食，极言吃饭之早。蓐：草垫、草席。"野装"：便服，与礼服相对而言。山下是"火云秋未衰"，山顶却如此寒凉。惟因寒凉，才见东坡热肠。东坡后来流放海南，遇到一位黎族樵夫，这位老人"家在孤

云端"，"负薪入城市"。"问答了不通，叹息指屡弹（打手势），似言君贵人，草莽栖龙鸾。遗我古贝布，海风今岁寒。"他看见东坡像是一位落难的贵人，就慨然用木棉纺织的古贝布相赠，让东坡制衣御寒。这仿佛是东坡在北高峰"临别留匹布，今岁天早霜"的一个长长的因果报应。

如今，石塔早已倾圮，但在这"飞鸟皆下翔"、"云海浩茫茫"的北高峰上，矗立着电视发射塔。北高峰空中载人索道，也于1981年2月建成。脚力不济的游人，不必担心"前路高且长"了。

北高峰图

流到前溪忽无语，在山做得许多声！

山溪哲思

杨万里有一首《宿灵鹫禅寺》：

初疑夜雨忽朝晴，乃是山泉终夜鸣。

灵鹫峰是飞来峰的别名。"灵鹫禅寺"即灵隐寺。这首诗是借题发挥，讽刺当时一些读书人，没有做官时慷慨激昂，发过许多宏论；一旦当了官，地位平稳了，就贪恋权力，默无声息，再也不敢发表意见，浑浑噩噩，政绩平平。真是："未做官时说千般，做了官时是一般。"可见在山时的鸣声只是如诗中所言"做得"，做作出来的。

但我们也不妨联想得更宽些。因为泉在山中遇到许多曲折阻碍，冲激岩石，才发出各种声响。而到了山下"前溪"，水路宽阔，水波平稳，就无声无息了。一个人处于逆境时，反而会有所作为，待到环境改变，就容易满足，不再努力了。

杨万里还有一首常为学界引用的《桂源铺》诗，也是写山溪，意思却与《宿灵鹫禅寺》不同：

> 万山不许一溪奔，拦得溪声日夜喧。
> 到得前头山脚尽，堂堂溪水出前村。

"万山"的"不许"与"拦"显示了阻抑的决心，溪流的"奔"与"喧"表明抗争的意志。"山脚"总会有"尽"的一天，"堂堂溪水出前村"将鼓舞每一位精进不止的学人。

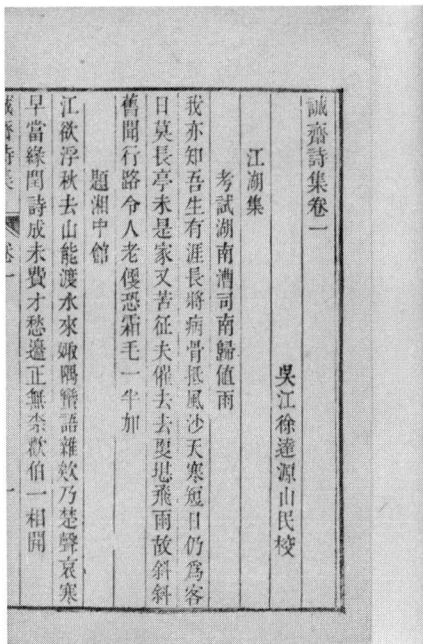

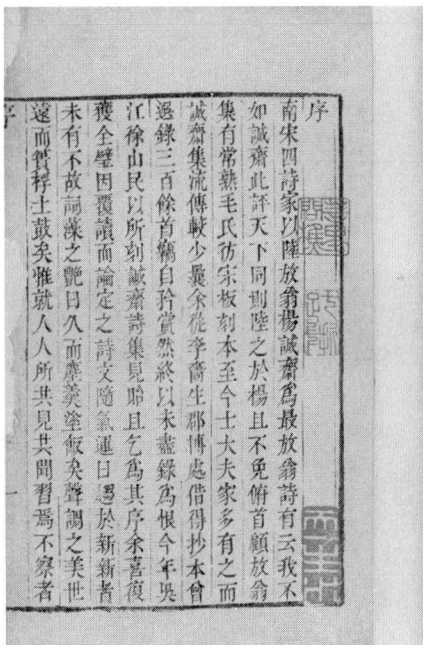

杨万里诗集书影

马　塍

出钱唐门西，为东西马塍，……钱王时畜马于此，至三万余匹，号曰海马，故以名塍……杭城四时花卉，于此出焉……

[出钱唐门西，是东西马塍，……吴越王钱镠曾在这里养马，多的时候达到三万多匹，号称海马，所以这里便叫马塍……杭州城四季的花卉，都是这里出产的。]

杭州花市

塍(chéng 音澄)：田间的土埂。

南宋吴自牧《梦粱录》载：

卖花者以马头竹篮盛之，歌叫于市，买者纷然。当此之时，雕梁燕语，绮槛莺啼，静院明轩，溶溶泄泄，对景行乐，未易以一言尽也。

花农往往天未亮就启程，担挑鲜花，沿街叫卖，无不利市十倍。元人汤炳龙诗云："马塍鸡唱曙初回，几处严关次第开。多少卖花人已到，担将春色入城来。"

南宋方岳《湖上》诗曰：

今岁春风特地寒，百花无赖已摧残。

马塍晓雨如尘细，处处筠篮卖牡丹。

张伟的《马塍》似有寓意：

水拍田塍路半斜，悄无人迹过农家。

春风自谓专桃李，也有工夫到菜花。

女诗人朱淑真更为立异：

一塍芳草碧芊芊，活水穿花暗

夏日梧桐

护田。

　　蚕事正忙农事急,不知春色为谁妍?

　　朱淑真为南宋临安人。由于"父母失审",将她嫁给了一个俗吏,终因情趣不合,她愤而回母家居住,伤春悲秋,死于非命(很可能被迫赴水而死)。她的这首诗,表面上写农事正忙,无人赏春,实际上暗寓自伤意味。

　　据说南宋词人姜白石是葬于西马塍的。他的友人挽诗云:"赖是小红渠

已嫁,不然啼碎马塍花。"对于一生飘泊、一生风流的词人,葬于花丛之中,真可谓诗意的归宿了。

　　如今的马塍路是一条几百米长的街道,静静的,街两旁是茂密的法国梧桐。令人想起当年石评梅女士的感叹:"西湖是已经西装了。"但我想,西湖带一点异采别调也好,正如太子湾公园转动的风车下,那大片大片如油画涂抹的郁金香花。与以郁金香为国花的荷兰一样,杭州也是围海造田所形成的冲积平原。

西　溪

西溪，居民数百家，聚为村市，俗称"留下"。相传宋高宗初至杭时，以其地丰厚，欲都之。后得凤凰山，乃云："西溪且留下。"后人遂以为名。

[西溪这地方，有几百户人家，聚居成为一个村镇，俗名叫做"留下"。据民间传说，宋高宗赵构刚刚到杭州的时候，因为这地方形势丰厚，想要把都城建在这里。后来找到了凤凰山，就说："西溪权且留下。"人们就把"留下"用做地名了。]

西溪以芦花胜，张宗子《西湖梦寻·西溪》云：

其地有秋雪庵，一片芦花，明月映之，白如积雪，大是奇景。余谓西湖真江南锦绣之地，入其中者，目餍绮丽，耳餍笙歌，欲寻深溪盘谷可以避世如桃源、菊水者，当以西溪为最。

明人陈继儒以庵四围皆水，蒹葭弥望，花时如雪，因题其额为"秋雪"，取唐人"秋雪蒙钓船"意。"桃源"无须笺注。"菊水"见《水经注·湍水》：

"湍水又南，菊水注之。水出西北石涧山芳菊溪，亦言出析谷，盖溪涧之异名也。源旁悉生菊草，潭涧滋液，极成甘美。云此谷之水土，餐挹养年。"菊水在华容(今湖北荆州东)，后成为祝寿的典故。

近人朱梦彪又对秋雪庵细绘一番：

庵在水中央，四面皆芦洲。秋深蒹葭吐絮，月夜登阁，望之白云飘渺。清风徐来，晶光摇曳，弥漫千顷，皎灿炫目，觉此身翛然霞举，如在冰壶琼岛间，不复见大地人世，……

万历《钱塘县志》却未及芦花：

西溪络以小河，夹岸皆茶、竹、梅、粟。二月梅始花，香雪霏霏，四面来袭人。居民百许家，隐隐深林，但见炊烟出林杪耳。

明人王穉登偏偏又提到了桂花：

留武林十日许，未尝一日至湖上，然遂穷西溪之胜。舟车程并十八里，皆行山云竹霭中，衣袂尽绿。桂树大者，两人围之不尽。树下，花覆地如黄金。山中人缚帚扫花，售市上，每石仅当脱粟之半耳。

无论是"香雪霏霏",还是"花覆地如黄金",都令人不胜向往。但每石桂花的价格只抵得糙米市价的一半,又让人扼腕。

张宗子文中,曾将西溪与西湖相比,南社社员高燮,由此引出了一段更为生动的文字:

余综西溪之胜,大抵与西湖异,窅(yǎo,深远义)然尘壒(ài,尘埃)之表,宛在樊圃之间。一入其中,便觉毛骨为清,心脾俱冷。昔人比之苎萝美人,未进吴宫,澹冶幽娴,自然绝世。

今人夏承焘《天风阁学词日记》(1930年11月16日)也可一读:

西溪比西湖清幽,弯环秋绿,净不可唾。霜淑人家,历历在画。扁舟摇曳,穿十五座桥,诗意曲折不穷。对临溪小筑,时动移家之兴。

徐志摩虽然写过《丑西湖》,但在1923年10月21日所写的《西湖记》里提到了西溪的芦花:

在白天的日光中看芦花,不能见芦花的妙趣;它是同丁香与海棠一样,只肯在月光下泄漏它灵魂的秘密;其次亦当在夕阳晚风中。去年十一月我在南京看玄武湖的芦荻,那时柳叶已残,芦花亦飞散过半,但紫金山反射的夕照与城头倏起的凉飙,丛苇里惊起

西溪

了野鸭无数,墨点似的洒满云空(高下的鸣声相和),与一湖的飞絮,沉醉似的舞着,写出一种凄凉的情调,一种缠绵的意境,我只能称之为"秋之魂",不可以言语比况的秋之魂!

清人许承祖有《西湖渔唱》,诗多不佳,但写西溪的两首诗,均可圈点:

好山多在圣湖西,绕屋梅花映水低。

过客探幽休问径,雪香深处是西溪。

寒芦拂槛影纤纤,疑是梅花倚短檐。

小艇西风残照里,秋光遥抹数峰尖。

词人朱祖谋的《浣溪沙》,仿佛是一个总评:

溪水何缘也姓西,淡妆浓抹更相宜。

南山：孤峰犹带夕阳红

万顷西湖水贴天，
芙蓉杨柳乱秋烟。
湖边为问山多少，
每个峰头住一年。

柳 浪 闻 莺

清波门外，沿城而北，旧有聚景园、仙姥墩，并废。聚景园，孝宗所筑，先是，高宗居大内，时时属意湖山，孝宗乃建名园，奉上皇游幸。园中有会芳殿，瀛春、览远、芳华等堂，花光、瑶津、翠光、桂景、滟碧、凉观、琼芳、彩霞、寒碧等亭，柳浪、学士等桥，叠石为山，重峦窈窕。其后累朝临幸。理宗以后，日渐荒落。故高疏寮诗："翠华不向苑中来，可是年年惜露台。水际春风寒漠漠，官梅却作野梅开。"不久而黍离之感作矣。今惟柳桥尚存，世称"柳浪闻莺"者是也。

"惜露台"：语见《汉书·文帝纪赞》："帝尝欲作露台，台匠计之，直(值)百金。上曰：'百金，中人十家之产也。吾奉先帝宫室，常恐羞之，何以台为？'"诗里是用汉文帝的节俭来反衬南宋小朝廷的奢华，语含讥讽。高宗、孝宗二朝，君臣纵逸，耽乐湖山，曾在西湖边建造了聚景、真珠、南屏、集芳、延祥、玉壶等御花园，以供随时游幸。其中以孝宗为讨退位的太上皇赵构欢心而建的聚景园最为宏丽。《游览记》描述甚详。但随着南宋的灭亡，这座气象万千的皇家花园也已"官梅却作野梅开"，变成荒丘、不复辨认了。清代李卫主修的《西湖志》，描写的则

柳浪闻莺

是这里的自然美景：

柳丝踠地，轻风摇扬，如翠浪翻空。春时，黄鸟睍睆其间，流连倾听，与画舫笙歌相应答云。

踠(wǎn音宛)：拖垂。睍睆(xiàn huǎn音线缓)：清和圆转。

今人钟毓龙释"柳浪闻莺"云："宋时自清波门至钱唐门，沿湖五里，皆植柳树，有柳洲之名。柳浪闻莺之景，在清波门外。其地有港有桥，皆以柳浪名。"并引了《西湖志》里的那段春景。

《游览志》提到的"仙姥墩"，则据《神仙传》录之。柳洲有一个高约数丈的土墩，相传为仙姥卖酒之处。仙姥原为余杭的农妇，嫁到西湖畔的一户农家，善采百花酿蜜。神仙王方平尝以千钱与姥沽酒，饮而甘之。此后群仙时降，临此聚饮，因授药一丸，以偿酒价，姥服后飞升而去。过了十余年，有人经过洞庭湖，复见姥在湖边卖百花酒。王安石有诗："绿漪堂前湖水绿，归来正复有荷花。花前若见余杭姥，为道仙人忆酒家。"

如今出涌金门，步入东头濒湖的园门，展眼望去，沿着长长的湖岸向清波门伸延的，尽是随风袅娜的如烟垂柳，仿佛张挂起两排翠浪翻空的帐幔，引人进入惝恍迷离的仙境，无须饮什么仙姥

孙雪泥《柳浪闻莺》

的百花酒了。《游览志余》所引元人贡性之的诗，更比王安石的那首出色：

涌金门外柳如金，三日不来成绿阴。
折取一枝入城去，教人知道已春深。

南屏晚钟

南屏山，峰峦耸秀，怪石玲珑，峻

壁横坡,宛若屏障。凌空而中峙者,为慧日峰,……

　　清人徐逢吉《清波小志》补曰:"南屏山,以其闲展如屏,故名。其石色苍翠,峰峦奇秀,为湖上诸峰之冠。"

　　李卫主修的《西湖志》方始提到钟声:

　　南屏山在净慈寺右、兴教寺之后,正对苏堤。寺钟初动,山谷皆应,逾时乃息。盖兹山隆起,内多空穴,故传声独远,响入云霄,致足发人深省也。

　　钟毓龙《说杭州》又记:"清康熙帝改曰晚钟,人亦不从之。盖以修省言,自以晓钟为佳;而以摹写景物言,应以晚钟

为是。杜诗有'山钟摇暮天'之句。钟声之摇,令人有日暮苍茫之感也。"

　　这两座寺院,一撞起大钟来,整个山谷都响起回声,隔了好大一会儿才消失。加之南屏山高矗,山里有许多洞穴,寺院又面对全湖,所以钟声特别震荡,特别悠远。轰然鸣响的声波,是对西湖烟水云山的充实与调味。"南屏晚钟"也被列为"西湖十景"之一,而且可能是"十景"中问世最早的景目。

　　一般认为,"西湖十景"景目起自南宋宫廷画师们摹写西湖胜景的画作题名。但"南屏晚钟"却率先出现在《清明上河图》的作者、北宋末年名画家张择端的笔下。北宋为金所灭,张择端南渡来到杭州。他画的《西湖春晓图》与《南屏晚钟图》一起被载入

南屏晚钟

《天水冰山录》。《天水冰山录》是明代权相严嵩倒台后，被抄没家财的物品名目清单。

"天水"：赵姓郡望。宋帝姓赵，故史家常以"天水"代指宋朝。

疏钟一杵，响遏行云。分明是外扩，却又是内潜。"发人深省"者，大概在惊人尘梦吧。净慈寺，《游览志》所记较详：

净慈禅寺，后周显德元年钱王做建，号慧日永明院，迎衢州道潜禅师居之。潜尝欲从王求金铸十八阿罗汉，未白也。王忽夜梦十八巨人随行。翌日，道潜以请，王昇而许之，始作罗汉堂。宋建隆初，禅师延寿，以佛祖大意，经纶正宗，撰《宗镜录》一百卷，遂作宗镜堂，太宗改赐寿宁院。熙宁中，群守陈襄，延禅师宗本居之，属岁旱，湖水尽涸，寺西甘泉出，有金色鳗鱼游焉，因凿为井，寺众千余，饮之不竭，名曰圆照井。

[净慈寺，是后周显德元年（954）吴越国王钱做建造的。当时叫做慧日永明院。吴越国王迎来衢州的道潜和尚做方丈。道潜曾经想向国王请求一大笔款项，用来铸造十八尊阿罗汉，还没有开口说出。那国王忽然夜里梦见十八个高大的人跟在自己后面走。第二天，道潜正好向国王提出请求，国王

觉得奇怪，就答应了他，开始建造罗汉堂。宋朝建隆（960—963）初年，延寿大和尚凭佛祖的大意编排正统的教义，写出《宗镜录》一百卷，这就建筑了一座宗镜堂。熙宁（1068—1077）年间，杭州知府陈襄延请宗本和尚来寺住持。当年干旱，西湖的水都干涸了。这时寺西边角落上有一股甜美的清泉涌出来，还有金色的鳗鱼在泉水里游泳。利用这个泉眼凿出一口井，寺里的和尚一千多人都喝这口井的水，井水总也不干，就起名叫做圆照井。]

文中所提的"道潜"，并非东坡的方外之友道潜（号参寥子）。

张岱的《西湖梦寻》引用了这段文字后，还添加了一则传说：

孝宗时，一僧募缘修殿，日餍酒肉而返。寺僧问其所募钱几何。曰："尽饱腹中矣。"募化三年，簿上布施金钱，一一开载明白。一日，大喊街头，曰："吾造殿矣。"复置酒肴，大醉市中。扼喉大吐，撒地皆成黄金。众缘自是毕集，而寺遂落成。僧名济颠。

[孝宗年间（1163—1189），有一个和尚在街上募捐化缘，准备修建寺院，他每天总要酒肉吃饱才回到寺里。寺里的和尚问他募化到的钱有多少了，他说："统通装在我肚皮里了。"一连募化了三年，化缘簿上人家布施

的数字一笔笔记得清楚。有一天，这和尚在街上大喊："我要开工盖宝殿了。"接着他又买了好酒荤菜，在街头喝得大醉。然后用手抠喉咙，大呕大吐，吐在地上的东西都变成金锭。从各方面化缘得来的款项就这样一齐收拢来，寺院也建造成功了。这位和尚名叫济颠。]

"济颠"即济公和尚。他的建寺，是重建当时已被毁掉的净慈寺。今天寺内还有一口"神运井"，又叫"运木古井"。相传济公重建寺院时，用法力从此井拽出许多大木头，是从四川运来的。拽木过程中，有个匠人说了一句"够了"，那根拽了一半的木头便永远留在井中。

关于济公，还有许多他扶助弱小，打抱不平的故事，无非是寄托了黎民百姓无法实现的心愿，在虚拟世界里，对黑白颠倒的社会进行批判与鞭挞。《游览志余》也记："济颠者，本名道济，疯狂不饬细行，饮酒食肉，与市井浮沉，人以为颠也，故称济颠。始出家灵隐寺，寺僧厌之，逐居净慈寺。"并说有人赞之曰"气吞九州，囊无一钱"。但未举事例。

"神运井"原名"醒心井"，我看还是"醒心"一些才好。于是又回到正题《南屏晚钟》上来。

读当代诗人牛汉的《对钟声的思念》，颇有感触。

近一些年，经常思念钟声，思念得很深；并非因为寂寞，实在是苦于宿舍的四周闹嚣声太扰人了。总希望听到一种能净化这空间的清灵灵的声音，……

牛汉先生思念钟声心切，有一次读奥地利诗人里尔克的短诗《预感》："我像一面旗帜为远景所包围。我感到吹来的风……"恍然之中，产生了幻听：

乍一听到时，钟声仿佛是从窗外的远方飘荡来的，但仔细谛听，又觉得很近，就在我的身边涌动，整个身心都能感触到钟声的振幅，一圈一圈地在扩大，并冲击着我的躯体，……钟声再次响起来时，真使我惊愕不已，钟声其实就在我的躯体内部如涌泉般冲荡着，又有点像一阵阵的风穿越过我。钟声活活浸透了我，吞没了我。我热病般颤抖起来，觉得自己变成了一口钟。心脏狂奋地搏动，轰轰地响，发出异常宏亮的金属声音。

这当然是一种特异的体验、神秘的感受。但我们在听到晚钟时，确有全身心顿时清空的感觉，净化的感觉，应该是无疑的。

牛汉先生还告诉我另一种知识："钟

都希望有人敲它，不敲它一定闷得慌。"
再录一段他的文字，与读者诸君共享：

钟只可一下一下敲，一声钟声响
过，再接着敲，悠悠地敲，就像人的呼
吸，钟声有各自的节奏，切忌胡敲乱撞。
如果一声没有响尽，就去再敲，久而久
之，钟声会变沙哑，甚至变成全哑。

还有许多钟，多年被闲置在楼阁
中，被厚厚的尘埃覆盖着，它们一定得
了抑郁症。

雷峰夕照

雷峰者，南屏山之支脉也。穹窿

回映，旧名中峰，亦曰回峰。宋有道士
徐立之居此，号回峰先生。或云有雷
就者居之，故又名雷峰。吴越王妃于
此建塔，始以千尺十三层为率，寻以财
力未充，姑建七级，后复以风水家言，
止存五级，俗称"王妃塔"。以地产黄
皮木，遂讹"黄皮塔"。俗传湖中有白
蛇、青鱼两怪，镇压塔下。

[雷峰这座山，是南屏山的支脉。
山势圆耸，回环相顾，过去名叫中峰，
也称雷峰。宋时有道士徐立之住在
这里，号回峰先生。有人说有位名叫
雷就的郡人住此，所以又叫雷峰。吴
越王钱俶的妃子在这里建塔，开始以
千尺十三层为标准，因为财力不充，
只造了七层，后来又听了风水先生的
话，(去掉两层)只剩五层，俗称"王

雷峰夕照

妃塔"。因为这个地方盛产黄皮木，于是错传成"黄皮塔"。民间传说湖中有白蛇、青鱼两个妖精，被镇压在塔下。]

张岱《西湖梦寻》引用此文时，改"吴越王妃于此建塔"为"吴越王于此建塔"。并加了一段：

元末失火，仅存塔心。雷峰夕照，遂为西湖十景之一。曾见李长蘅题画有云："吾友闻子将尝言湖上两浮屠，宝傲如美人，雷峰如老衲，余极赏之。辛亥在小筑，与沈方回池上看荷花，辄作一诗，中有句云：'雷峰倚天如醉翁。'严印持见之，跃然曰：'子将老衲不如子醉翁尤得其情态也。'盖余在湖楼，朝夕与雷峰相对，而暮山紫气，此翁颓然其间，尤为醉心。然予诗落句云：'此翁情淡如烟水。'则未尝不以子将老衲之言为宗耳。"

[元末发生火灾，只剩下塔柱，雷峰夕照于是成为西湖十景之一。曾见李长蘅题他的画，上面说："我的朋友闻子将讲过，西湖边上的两座宝塔，宝傲塔像美人，雷峰塔像个老和尚。我非常欣赏这句话。万历三十九年（1611），我在南山别墅，与沈方回池塘边上赏荷花，就写了一首诗，当中有一句'雷峰倚天如醉翁'。严印持看到

这句诗，高兴得跳起来，说：'子将比方的"老和尚"，不如你比方的"醉翁"更能抓住它的姿态情味呀。'原来我住在湖边上的小楼里，从早到晚总跟雷峰塔面对面，再说，在那傍晚的山头紫气中，这个醉翁老态龙钟地呆在那里，更叫人倾心。不过，我的诗里最后一句还说'此翁情淡如烟水'，那么，并不是不把闻子将的'老和尚'那个比方作为依据呀。"]

李流芳（字长蘅）是明万历年间举人，画家、作家。魏忠贤立生祠，他坚持气节，不肯往拜。"闻子将"即闻启祥，字子将。张岱所引文字，录自李流芳《西湖卧游图题跋》。闻子将原话为："雷峰如老衲，宝石如美人。"当然，宝傲塔在宝石山上，也名宝石塔。又："与沈方回池上看荷花"，李文无"沈"字，这里的"方回"，姓邹，与严印持一样，为作者友人。

李卫主修的《西湖志》，也有写夕照的文字：

每当夕阳西坠，塔影横空，此景最佳。……塔上向有重檐飞栋，窗户洞达。后毁于火，孤塔岿然独存。砖皆赤色，藤萝牵引，苍翠可爱。日光西照，亭台金碧，与山光倒映，如金镜初开，火珠将坠。虽赤城栖霞，不是过也。

"赤城栖霞"：赤城山和栖霞山。前者在浙江天台县北，后者在南京市郊。"不是过"：不能超过它。

张岱讲"元末失火，仅存塔心"，但据史料，雷峰塔主要是在明嘉靖年间(1522—1566)被入侵的倭寇纵火焚毁的，因为倭寇怀疑塔内有伏兵。虽仅留塔心，但砖壁坚固，又撑持了四百余年。因传塔砖避邪宜男，故游人不断挖取塔基的砖块；又传塔土可以护蚕，人们争往取土，积久塔基渐空，终于在公元1924年9月25日下午完全倒塌。据钟毓龙《说杭州》描述："其时孙传芳率兵袭浙，刚抵杭城，人心殊惶惶。塔圮时，附近之人，但见尘埃蔽天，鸦鸽满空，盖所巢也。"

元人尹廷高有诗：

烟光山色淡溟濛，千尺浮屠兀倚空。

湖上画船归欲尽，孤峰犹带夕阳红。

清人王瀛诗也可一读：

暝色霏微入远林，乱山围绕半湖阴。

浮图会得游人意，挂住斜阳一抹金。

尹廷高写的是未焚毁前的塔，所以才有"千尺浮图兀倚空"之句。如果移在2002年重建的雷峰塔上，依旧生动适用。

满 觉 陇

(水乐)洞旁，旧有满觉院、归云庵，并废。

明人高濂《四时幽赏录》有《满家弄赏桂花》一节：

桂花最盛处，惟南山龙井为多。而地名满家弄者，其林若墉若栉，一村以市花为业，各省取给于此。秋时策蹇，入山看花，从数里外便触清馥。入径，珠英琼树，香满空山，快赏幽深，恍入灵鹫金粟世界。就龙井汲水煮茶，更得僧厨山蔬野蓛作供，对仙友大嚼，令人五内芬馥。归携数枝作斋头伴寝，心清神逸，虽梦中之我，尚在花境。

"满家弄"今称满觉陇。"若墉若栉"：像垣墙，像梳篦。这里用以形容桂花林。"策蹇"：骑驴。"金粟世界"：桂花也称"金粟"，因为它的花蕊有如金色的小米。金粟也是金粟如来的简称,这里语义双关。"满觉"即佛语"圆满觉悟"之意。

1948年,夏敦《沐在湖山的秋光中》一文,也描写过满觉陇:

一阵阵神秘的、幽静的、莫可名状的香味,从鼻官透进了肺腑,叫人自然而然的有一种清新和轻快的感觉。本来这是暮秋的节季,桂花方谢未落,茶花欲开未放,浓郁的香味将近消逝,淡雅的芬芳,氤氲空中;当你被浸润在这两者交织着的氛围之中时,只觉得你的身子已堕入了可以意会而无可言宣的境界中了。

农历八月入秋后,满觉陇的金桂、银桂、丹桂,间或四季桂,星星点点缀满枝头,清幽的香气弥漫陇谷。树下憩坐,任凭风吹一身花蕊,一些诗的断句便随着花香浮漾心头:"翩联桂花坠秋月"、"冷露无声湿桂花"、"独有南山桂花发,飞来飞去袭人裾"……还有不知谁说过的一句联语:"坐到静时香有声。"

郁达夫的小说《迟桂花》,便是以满觉陇附近的翁家山为背景的。在他的笔下,桂香撩人于青葱的山、如云的树、茫茫的湖雾、唧唧的虫唱、缓慢的晚钟之间,能使受伤的灵魂得到安息,使邪俗的念头得以净化,浮躁的心境渐趋宁静……

"满陇桂雨"现已列入"新西湖十景"之一,桂花也被评为杭州的"市花"。清人陆次云《湖壖杂记》有一段妙评:

湖墅有三胜地,西溪之梅,皋亭之桃,河渚之芦花。河渚芦花名曰秋雪,西溪之梅名曰香雪,则皋亭之桃亦可名曰红雪、曰绛雪矣。或曰满家弄桂花,可名金雪。

"皋亭"即皋亭山,山多桃树。河渚在西溪东北,秋深荻花如雪,故其地又名秋雪。看来满觉陇的"金粟世界",又可称"金雪世界"了。

烟 霞 三 洞

石屋洞,高敞虚朗,衍迤二丈六尺,状如轩榭,可布筵几。其底邃窄通幽,暗然密室,周镌罗汉五百十六身。……水乐洞,在烟霞岭下。……岩石盘峙,洞壑虚窈,泉味清甘,声如金石。熙宁二年,郡守郑獬名之曰水乐洞。……烟霞洞,晋开运元年,有僧弥洪结庵洞口,遇神人指山后有胜迹,何不显之?洪忽见洞内有罗汉六尊,显像石壁,若镂刻而成者,甚异之。

烟霞三洞，是石屋、水乐、烟霞三洞的总称。石屋洞林木蓊郁，洞形高敞，轩朗如屋，洞中有洞，洞洞相连。洞底如螺壳新蜕，旋转深入，愈下愈小，窥之甚黑。极底有泉，莫测其深浅。有"沧海浮螺"四字镌其上。此洞不仅景色奇幻，更以洞内的摩崖石刻著称。这些造像都是五代后晋天福年间的作品，至今已有一千多年的历史。可惜"文革"中被视为"四旧"凿去，仅存残痕。

"石屋赏桂"为西湖花事之一。从石屋洞口的青龙山麓一路连绵至满觉陇西头的水乐洞口。明人张京元记：

> 出石屋西，上下山坡夹道皆丛桂。秋时着花，香闻数十里，堪称金粟世界。

水乐洞长六十余米，地下泉水涌出，终年不竭，水石相激，妙如奏乐。北宋郑獬(xiè音谢)熙宁二年(1069)守杭，取名"水乐洞"。明人高濂在《四时幽赏录·水乐洞雨后听泉》中记：

> 山泉别(支)流，从洞隙滴滴，声韵金石；且泉味清甘，更得雨后泉多，音之清泠真胜乐奏矣。每到，以泉沁吾

烟霞洞

脾,石漱吾齿。因思苏长公(苏东坡)云:"但向空山石壁下,受此有声无用之清流。"

从水乐洞沿烟霞岭至烟霞洞,仅二里许,一路奇峰壁立,青翠染衣。洞深约二十米,相传为五代后晋弥洪和尚结庵之处。洞内石刻佛像,也多为五代作品,造型精美,为西湖石刻艺术上乘之作。洞口两旁的观音和大势至二像,更是面相丰丽,神态生动,身上薄衣,随风飘忽,系宋代雕塑。洞顶及两壁,皆凝钟乳,青碧黄白相间,如云气,如雨脚,如莲花、龙凤状,不可胜计。

清人陆以湉(tiān音甜)《冷庐杂识》云:"窃谓石屋之旷爽虽胜烟霞,而幽奇逊之。且凡洞皆在山麓,此独在岭脊,凌虚缥缈,当为西湖诸洞之冠。"

今人夏承焘《天风阁学词日记》(1935年2月1日)载:

午后与甫澄、才甫步至烟霞洞看梅,洞口二红二绿尚盛,徘徊不能归。花下一老僧,须眉皓然,问年已七十四,而精神焕发,两颊浃丹,谈笑忘倦。予问摄生何法?曰:"君辈为名为利,老僧两手十指而已。"颇为感动。

烟霞洞口,立有一块"烟霞此地多"的篆体字碑。关于洞名来历,《万历钱塘县志》谓:"洞中丹云作五彩之色",故名。这些抽象的解释,都不如夏先生的日记生动。

双峰插云

南高峰在南北诸山之界,羊肠诘屈,松篁葱茜,非芒鞋布袜,努策筇杖,不可陟也。塔居峰顶,晋天福间建,宋崇宁、乾道两度崇修,元季毁。旧七级,今存五级。塔中四望,则东瞰平芜,烟消日出,尽湖山之景。南眺大江,波涛洄洑,舟楫隐见杳霭间。西接岩窦,怪石翔舞,洞穴邃密。其侧有瑞应像,巧若鬼工。北瞩陵阜,陂陁曼衍,箭栝丛出,犊麦连云。山椒巨石,屹如峨冠者,名"先照坛",相传道者镇魔之所。峰顶有钵盂潭、颍川泉,大旱不涸,大雨不盈。潭侧有白龙洞、龙王祠,今废。

"诘屈":曲折。"葱茜(qiàn音欠)":草木苍翠茂盛。"努策筇(qióng音穷)杖":劲鞭、竹杖。"陟(zhì音治)":升,登。"晋天福间":后晋高祖年间(936—942)。"崇宁":宋徽宗年号(1102—1106)。"乾道":宋孝宗年号(1165—

双峰插云

1173)。"元季"：元朝。"洄洑"：回流，漩涡。"杳霭"：迷雾。"瑞应"：表示吉祥的征兆，如龟、凤、龙、白虎等。"陂陀(bēi tuó 音杯陀)曼衍"：形容丘陵倾斜而连绵不绝。"箭栌"：像箭杆一样的栌树。"䴴(móu)麦"：大小麦。"山椒"：山顶。

"北高峰"见本书《北高峰》一文。北高峰竹木荫深，苍翠重叠，不雨而润，不烟而晕；南高峰却与之迥异，峰峦峭拔，山石嶙峋。西湖群山以天竺山为主峰，环湖分南、北两支，两支山脉的主峰分别为南高峰与北高峰。两峰遥遥相对，其间群山起伏，浓淡重叠，层层环峙，绵延数十里。南高峰高256.9米，在烟霞岭旁，可从满觉陇循山路盘旋而上。北高峰在灵隐寺后，

山高355多米。据说从洪春桥遥望，每至春秋雨时，浓云如远山，远山似浓云，不易分辨，惟南、北两峰以其高故，犹露山巅，故以此名。宋、元时称"两峰插云"，清康熙帝游杭，改为"双峰插云"。因湖上无处立碑，便在洪春桥畔立了一个碑亭，让人误以为立碑之处便是观景之处。所以杭州女作家苏沧桑说："要看双峰插云，哪儿都不如泛舟湖上，遥指云中峰峦的好。"

但这"云中峰峦"，又不止南北两峰。明代钟禧因此写过：

万顷西湖水贴天，芙蓉杨柳乱秋烟。

湖边为问山多少？每个峰头住一年。

洪亮 中国风——江南文化系列丛书

诗见《游览志余》。钟禧自称"狂客",在他看来,只有在每个峰头都住上一年,朝餐湖光,夕赏山色,才可算过了湖山之瘾、烟霞之癖。

更早的时候,北宋晁冲之在《送人游江南》诗中,就已宣称:

涌金门外断红尘,衣锦城边着白苧。

不到西湖看山色,定应未可作诗人。

"衣锦城"容易解释,即杭州城。唐昭宗光化二年(899),将钱镠所居的安众营改称衣锦营;天复元年(901),升衣锦营为衣锦城。但三四句的理由,晁冲之终未说破。

南宋范成大也不说破:

南北高峰日往还,芒鞋踏遍两山间。

近来却被官身累,三过西湖不见山。

至多加上一句:"病眼得山兀自明。"

杨万里忍不住了,在《秋山》一诗中透出若干信息:

梧叶新黄柿叶红,更兼乌桕与丹枫。

范成大像

只言山色秋萧索,绣出西湖三四峰。

范晞文于是感慨:

湖边多少游观者,半在断桥烟雨间。

尽逐春风看歌舞,几人着眼到青山。

明代画家程孟阳仿佛回应范晞文:

不是看山便画山,的应送老不知还。

商量水阔云多处，随意茅茨着几间。

清代袁枚《入武林城作》又让人糊涂了：

安排游计首频骚，客里光阴怕寂寥。

晴日寻山雨寻客，不教辜负一春宵。

俞樾在《春在堂随笔》中下了结论："西湖之胜，不在湖而在山。"但他所举出的例子，仍然是山中之水：冷泉、九溪十八涧。

近翻明人李流芳《西湖卧游图题跋》：

往时至湖上，从断桥一望，便魂销欲绝。还谓所知："湖之潋滟熹微，大约如晨光之着树，明月之入庐。盖山水相映发，他处即有澄波巨浸，不及也。"

回去以后他对好朋友说："西湖上的波纹如罗，波光柔和，大约就像清早的阳光照着绿树，明亮的月色映进屋子。原来这是山色和水光互相映照，旁的地方即便也有澄清的湖面、开阔的水域，也是赶不上这里的。"

山固然能衬托出水之美，水也未始不能反映出山之秀。"山水相映发"才是合乎情理的。日本永井荷风在《夕阳》中写道："意大利的米兰不正因为有阿尔卑斯的山影才变得更加美丽，拿波里有了维苏威火山的烟雾才深印在旅人的心中吗？东京之所以是东京，正在于这里能望见富士山。"

没有山，西湖便不成其为西湖了。

龙　　井

龙井，本名龙泓。吴赤乌中，葛稚川炼丹于此。林樾幽古，石鉴平开，寒翠甘澄，深不可测。疏涧流淙，泠泠然不舍昼夜。闲花寂草，延缘其旁，或隐或见。苍山围绕，杳非人间。时闻鸟韵樵歌，响答虚谷。井中相传有龙踞焉，祷雨多应，……

[龙井，本来叫做龙泓。三国时期吴国赤乌年间（238—250），葛洪（字稚川）在这里炼过仙丹。森林古老幽深，石潭里的积水像镜子一样平静地舒展着。泉水清凉碧绿，澄明甜美，深得没法测算。缓慢的溪流不分昼夜冷冷地淌过来。不知名的花草，沿着溪流伸延，时隐时现。苍翠的山岗四面围绕，寂静得不像人世间。只是有时听得鸟儿在叫、樵夫在唱，在山谷响起

回声。龙井里据说有龙盘踞，天旱向石潭求雨，常常有效应，……]

龙井的出名，主要是这里所产的茶叶。

龙井茶与黄山毛峰、洞庭碧螺、云南普洱、庐山云雾齐名，产地主要分布在西湖西南山区的狮峰、龙井、云栖、虎跑、梅家坞一带，因而过去有"狮"、"龙"、"云"、"虎"四个品类，其中以狮峰、龙井为最佳。现在梅家坞后来居上，产量占龙井茶区三分之一，质量也大有提高，四个品类遂归于"狮"、"龙"、"梅"三个。

龙井成茶形似雀舌，扁平挺秀，光滑匀齐，翠绿略黄，香气馥郁。泡在杯中，嫩芽成朵，一旗一枪，颇为美观，喝起来则芳醇爽口，余味悠长。

《游览志》还摘录宋代秦观写的《龙井记》。秦观认为西湖的山，可分两种。一种是傍湖的山，如宝石山、孤山、雷峰等，秦观称之为"岸湖之山"。一种是临江的山，如秦望山等，秦观称之为"岸江之山"。岸湖之山，不克以为泉，因为西湖实在太美了，深靓空阔，容纳着天光云影，"菱芡荷花之所附丽，龟鱼鸟虫之所依凭"，湖水浩渺而平缓，阴晴之中，各有奇态。所以岸湖之山，多为西湖所诱惑，不能成泉。岸江之山，因钱塘江有潮汐，潮来时，声势汹汹，遇者摧，当者坏，使人毛发耸立，心惊肉跳，所以岸江之山，多为潮水所威胁，不敢成泉。只有风篁岭一带，处于蟠屈幽深的向阳之地，内不受柔美的西湖影响，而散其精气，外不受凶猛的江潮威胁，而损其精气。所以岭上大率为泉，龙井这一泓泉水，不过是其中的佼佼者罢了。

少游(秦观字少游)不愧为东坡最得意的门生，把龙井茶产生的地理环境写得如此精辟入理、优美生动，至今无人能出其右。

秦观那次是去绍兴省亲，途经杭州，应龙井辨才大师之邀，才来山中的。中间还有一个插曲。他出城的时候，已是夕阳西下。渡湖到了普宁寺，遇到僧人参寥，问他大师派来的轿子在哪里。参寥说，因为你迟到，轿子已经回去了。

是夕，天宇开霁，林间月明，可数毫发。遂弃舟，从参寥策杖并湖而行。出雷峰，度南屏，濯足于惠因涧，入灵石坞，得支(小)径，上风篁岭，憩于龙井亭，酌泉据石而饮之。自普宁凡经佛寺十五，皆寂不闻人声。道旁庐舍，灯火隐显。草木深郁，流水激激悲鸣，殆非人间之境。

走到二更天，才到达寿圣院(即龙井寺)拜见了辨才大师，第二天就回去

龙井亭

了。事见秦观另一篇文章《游龙井寺记》（《游览志》亦收）。

《龙井记》还说，临行时，"法师策杖送余于风篁岭之上，指龙井曰：'此泉之德至矣。美如西湖，不能淫之使迁，壮如浙江，不能威之使屈。'……"惜田公未录焉。

亏得那些不耐烦的轿夫先走，才使少游有一夕徒步之游，为世上留下两篇佳什。

《游览志》还载：

龙井之上，为老龙井。老龙井有水一泓，寒碧异常，泯泯丛薄间。幽僻清奥，杳出尘寰，岫壑萦回，西湖已不可复睹矣。其地产茶，为两山绝品，……

"丛薄"指丛生的灌木林。

老龙井距离现在的龙井约三里路，在狮子峰一带。"狮峰龙井"现尚名冠杭城。又据清人陆次云《湖壖杂记》载："其地产茶，作豆花香。……采于谷雨前者尤佳。啜之淡然，似乎无味。饮过后，觉有一种太和之气，弥沦于齿颊之间，此无味之味乃至味也。"

茶叶以春茶为贵，被人誉为"黄

金芽"。又因采摘时间的先后，可分为头春茶、二春茶、三春茶、四春茶四档。头春茶采于清明节前，称"明前茶"，以其嫩芽初迸，形如莲心，又称"莲心"；二春茶摘于谷雨前，称"雨前茶"，此时茶芽稍长，其形如枪，芽柄已发一叶，其形如旗，称"旗枪"；三春茶摘于立夏，茶芽稍大，附叶二瓣，形如雀舌，称"雀舌"；四春茶采于三春茶后一个月，叶已成片，附带茶梗，称为"梗片"。炒一斤明前龙井莲心，需三万五千至四万个芽头，为龙井茶中的极品。

除风水外，历代文人多有当地人品的描述。明人张京元记："山僧汲水供茗。泉味色俱清。僧容亦枯寂，视诸山迥异。""枯寂"这里作干瘦沉静解。俞曲园也提到："有老僧以采樵为业，方拣择新茶。因取极细者，烹以供客，即龙井茶矣。僧自言不知佛法，亦无布施，终岁自食其力，乃削发一山农耳。然其人颇不觉可厌，观丛林大和尚，或转胜之也。"

历来写龙井的诗，以《游览志》所引明人孙一元的《饮龙井》最为人称赏，隽永如茶味：

眼底闲云乱不开，偶随麋鹿入山来。
平生于物元无取，消受山中水一杯。

诗人对名利视若敝屣，独有龙井山中的一杯茶水，却是无上的享受，珍若拱璧，可见龙井的身价。《游览志余》复载："孙太初一元，号太白山人。正德(1500—1521)中，流寓西湖。或曰安化王裔，避乱，诡姓名。修髯皙面，丰仪潇洒，望之宛然神仙也。诗思清逸，有烟霞气。"孙一元还有一首《醉吟》，也写得风致嫣然："瓦瓶倒尽醉难醒，独抱渔竿卧晚汀。风露满身呼不起，一江流水梦中听。"

我更喜欢一副集东坡诗句的对联：

欲把西湖比西子；
从来佳茗似佳人。

现"龙井问茶"已成"新西湖十景"之一。

虎　跑　泉

虎跑泉，宋学士濂铭叙云：虎跑泉，在杭之南山大慈定慧禅院，距城十里而近。唐元和十四年，性空大师来游兹山，乐其灵气郁盘，栖禅其中。寻以无水，将他之。忽神人跪而告曰："自师之来，我等徼惠者甚大，奈何弃去？南岳童子泉，当遣二虎移来，师无忧也。"翌日，果见二虎跑地作泉，泉遂涌出，甘冽胜常。大师因留，建立伽蓝。

[虎跑泉，宋濂学士曾有铭文说：虎跑泉在杭州南山大慈定慧禅院，离城十里不到。唐元和十四年，性空大师来游此山，喜欢这里灵气盘郁，留驻于此。后来因为无泉水，便想离开到别的地方去。忽梦神人跪而相告："自从大师来后，我们受恩不浅，大师为什么要离弃而去呢？南岳衡山有童子泉，我将派两个老虎移来，大师不必烦心。"第二天，果然见二虎刨地作泉，泉水涌出，清甜凉爽，胜过普通的水。大师就留下了，在这里建立寺院。]

宋濂是明代文学家，官至翰林学士承旨。"唐元和十四年"：宪宗年号，即公元819年。又传：后有自南岳来者，性空问童子泉如何，曰涸矣。

现"虎跑梦泉"已成"新西湖十景"之一。

虎跑寺初建时，名广福院，后改名大慈禅寺。性空圆寂后，其徒于寺中建定慧塔以纪念，此后遂以塔名寺，称大慈定慧寺。五代后晋开运二年(945)，复改名仁寿寺。北宋又改名法云祖塔院。

《游览志》记苏东坡《病中游祖塔院》：

虎跑寺（20世纪30年代）

紫李黄瓜村路香，乌纱白葛道衣凉。

闭门野寺松阴转，欹枕风轩客梦长。

因病得闲殊不恶，安心是药更无方。

道人不惜阶前水，借与匏樽自在尝。

匏(páo音跑)：一种草本植物，果实比葫芦大，对半剖开可做水瓢。"匏樽"即指这种水瓢。

南宋祖塔院曾废为军营，元代才得以重建，并恢复唐时"大慈定慧寺"旧名，明清二朝，寺宇多次毁修，现在虎跑寺的建筑，大多是清光绪十五年(1889)重建的。

历史上，虎跑寺虽屡经兴废，寺名也多次更迭，但那眼虎跑泉，却始终喷涌不息。明人高濂在《四时幽赏录》中说：

西湖之泉，以虎跑为最；两山之茶，以龙井为佳。谷雨前，采茶旋焙，时汲虎跑泉烹享，香清味冽，凉沁诗脾。每春，当高卧山中，沉酣新茗一月。

由此，"龙茶虎水"被称为西湖"双绝"。

泉水为什么"甘冽胜常"？据说因为是从难以溶解的石英沙岩中渗涌而出的，水中所含可溶矿物质，每公升水中只有0.02克至0.15克，比别的泉水低。同时此泉分子密度高，表面张力大，盛满一杯，投入硬币，泉水高出杯口二三毫米都不会外溢。清人丁立诚在《虎跑水试钱》诗中记道："虎跑泉勺一盏平，投以百钱凸水晶，绝无点点复滴滴，在山泉清凝玉液。"

虎跑寺规模虽不及灵隐、净慈等寺，却具江南园林特色，杂树繁茂，竹影婆娑，假山重叠，峰石回环，自有一种雅趣。从东坡"紫李黄瓜村路香"、"闭门野寺松阴转"等诗句来看，当时这里还是一座木鱼清磬、晨钟暮鼓的深山古寺，但逐渐成为一处清雅秀丽的园林。清人蒋坦《秋灯琐忆》记：

虎跑泉上有木樨(桂花)数枝，偃伏石上。花时黄雪满阶，如游天香国中，足怡鼻观。余负花癖，与秋芙常煮茗其下。秋芙拗花簪髻，额上发为树枝梢乱，余为蘸泉水掠之。临去，折花数枝，插车背上，携上城闉，欲人知新秋消息也。……花神有灵，亦忆去年看花人否？

"城闉(yīn)"：城门外的重门，旧称"瓮门"，也作"瓮城"，这里泛指城门。"秋芙"为作者亡妻。美景依旧，斯人已逝，情何以堪？！

而鹿道人的一联，则又是出家人的夫子自道："白眼看人，老树若卧；金针度世，微波如罗。"

虎跑寺还与几位人物有关。其中济祖塔院为纪念宋代高僧济公而建。济公初出家于灵隐，后居净慈，圆寂于虎跑，在传说中深受百姓喜爱。与"济颠"同样有些癫气的是元代翰林学士贯云石，维吾尔族诗人，自号酸斋。据《游览志》载，他称病弃官归隐后，卖药杭州，"诡姓名，易服色，人无识者"。一日偶游虎跑，见几个文士在寺中饮酒赋诗，以"泉"字为韵。其中一人但吟"泉、泉、泉"，

虎跑梦泉

久不成句。酸斋应声曰：泉、泉、泉，乱迸珍珠个个圆，玉斧砍开顽石髓，金钩搭出老龙涎。"一时满座为之惊叹。又一日，他见一位老渔翁用西溪芦花制成被褥，轻巧洁白，便十分喜爱，要以自己的绸缎被面与之调换。老渔翁对他这种以贵易贱的行为十分不解，戏问用锦被换芦花被的原因，酸斋随口吟道：

采得芦花不浣尘，翠蓑聊复藉为裀。

西风刮梦秋无际，夜月生香雪满身。

毛骨已随天地老，声名不让古今贫。

青绫莫为鸳鸯妒，欸乃声中别有春。

吟罢便持被而去，杭州盛传他的《芦花诗》，他也因此自称"芦花道人"。明人唐寅《题西湖钓艇图》因之有句："茅柴白酒芦花被，明月西湖何处滩。"

虎跑也是弘一法师李叔同剃度出家的地方。僻静处，有弘一的纪念小室，砖屋简朴，衲衣缀着补丁。他那北地（天津）的生命，经过一段寻求，华丽转身，归于平淡，显示了南方的庄严法相。"安心是药更无方"啊！

吴山：立马吴山第一峰

老树扶疏夕照红，
石台高耸近天风。
茫茫浩气连江海，
一半青山是越中。

吴　山

吴山，春秋时为吴南界，以别于越，故曰吴山。或曰，以伍子胥故，讹"伍"为"吴"，故郡志亦称"胥山"，在镇海楼之右。盖天目为杭州诸山之宗，翔舞而东，结局于凤凰山。其支山左折，遂为吴山，……

[吴山，春秋时为吴国南部边界，以与越国相区别，所以叫"吴山"。有人说，是为伍子胥的缘故，把"伍"字错听成了"吴"字，所以郡志也称"胥山"，在镇海楼右边。因为天目山为杭州诸山的宗主，且飞且舞，逶迤东来，凝止于凤凰山。凤凰山的一个支脉向左，形成吴山，……]

春秋时，吴越争霸，越败，杭地尽属于吴。吴山便成了吴国的南界。后来吴王夫差冤杀伍子胥，并沉尸于钱塘江，吴人怜之，就在此山立祠纪念，因而吴山又有"伍公山"、"胥山"之称。五代时，武肃王钱镠又在这里修建了一个城隍庙，从此杭人统称它为城隍山。

吴山东起于"万株松树青山上"的万松岭，西迄于"城上高楼接天霞"的镇海楼（即鼓楼）。整座山体，绵亘数里，直插入房舍连云的市区之中。杭州城墙未拆之时，居民游湖须出城，吴山便成了城内的游览胜地。《清波三志》收明人王士性《登吴山记》：

转巷入山，人家咸夹磴道而居。短扉小阁，荫以高槐，六月无暑。行居人屋檐下，如行山中。碧瓦断处，青山乃续，……

[进入山区，老百姓都沿山路两旁居住。短门小屋，在高大槐树树荫下，大伏天也受不了暑气。游人在人家屋檐下走过，就和在山里走过一样。青色的瓦屋走完，碧绿的山岗才接上去，……]

《杭州府志》记："拾级（踏着石阶上山）望湖，犹倚翠屏而临明镜也。"

"明镜"当然指西湖。元人郭畀（bì 音毕）《客杭日记》更细写登顶所见：

戊申九月廿七日，阴。……晚晴。登吴山，下视杭城，烟瓦鳞鳞，莫辨处所。左顾西湖，右俯浙江。望故宫苍莽，独见白塔屹立耳。

"戊申"为至大元年（1308）。"浙江"指钱塘江。"故宫"指凤凰山南宋宫殿旧址。"白塔"即镇南塔，见本书《凤凰山》一文。

《游览志余》载：北宋柳永写的《望海潮》词，流播到金国，金主完颜亮闻歌，欣然有慕于"三秋桂子，十里荷花"，遂起投鞭渡江之志。他密派画工潜入杭州，画了一张西湖图，带回去制成屏风，并请人画上自己的像，策马立于吴山绝顶，题诗于上：

万里车书盍会同，江南岂有别疆封？

提兵百万西湖上，立马吴山第一峰。

诗的气魄很大，不愧枭雄也。

吴山感花岩下面摩崖上，有北宋书法家米芾所书"第一山"三个大字石刻，为明代钱塘县令姜召拓刻。另在紫阳山西坡、原三茅观附近岩石上，又有"吴山第一峰"石刻，当源于完颜亮诗。

完颜亮诗多霸气，我更喜欢苏东坡的七古《法惠寺横翠阁》。阁在清波门南的法惠寺。诗曰：

朝见吴山横，暮见吴山纵。
吴山故多态，转折为君容。
幽人起朱阁，空洞更无物。
惟有千步冈，东西作帘额。

吴山天风

春来故国归无期，人言秋悲春更悲。

已泛平湖思濯锦，更看横翠忆峨眉。

雕栏能得几时好？不独凭栏人易老。

百年兴废更堪哀，悬知草莽化池台。

游人寻我旧游处，但觅吴山横处来。

开门见山，省略入寺、登阁等笔墨，并用拟人手法，把吴山比作多态的美女。"幽人"四句写阁，朱阁空洞无物，幽人(高僧，也谓自己)的心中也无遮无碍。只有吴山从东到西，一派青葱，横在窗前，有如帘帷。"春来"四句由吴山的春景，联想到自己的家乡四川。但归乡无期，更用翻案法，偏说春比秋悲，把乡思渲染得更加浓烈。当时作者从京城外放，并不得意，时生乡恋。但作者又是善于排解的，让"平湖"(西湖)与成都的濯锦江、"横翠"(吴山)与峨眉山相互映衬，表达出随遇而安的思想。"雕栏"四句暗用李后主"雕栏玉砌应犹在，只是朱颜改"，但递进一层，不独是凭栏人易老，就是雕栏、池台也要化作草莽。末句又陡然一振，自豪多于伤感：后人一定会怀念我，凭吊我，在朝横暮纵的吴山下寻觅我的游踪。

现代作家郁达夫，写过一篇《城里的吴山》：

吴山的好处，第一在它的近，第二在它的并不高，元时平章答剌罕脱欢所赞的那数百级的石级，走走并不费力。可是一到顶上，掉头四顾，却可以看得见沧海的日出，钱塘江江上的帆行，西兴的烟树，城里的人家；西湖只像一面圆镜，……还有一件吴山特有的好处，是这山上的怪石的特多；你若从东面上山，一直的向南向西，沿岭脊走去，在路上有十几处可以看到这些神工鬼斧的奇岩怪石。假山叠不到这样的巧，真山也决没有这样的秀，而襟江带湖、碧天四匝、僧庐道院、画阁雕栏、茂林修竹、尘市炊烟等景物，还是不足道的余事。……自迁到杭州来后，这城隍山的一角，仿佛是变了我的野外的情人；凡遇到胸怀悒郁，工作倦颓、或风雨晦暝、气候不正的时候，只消上山去走它半天，喝一碗茶两杯酒，坐两三个钟头，就可以恢复元气，飒爽地回来，好像是洗了一个澡。……不久之前，更有几位研究中国文学的外人来游，我也照例的陪他们游过吴山之后，他们问我说："金人所说的立马吴山第一峰，是什么意思？"他们以为吴山总是杭州最高的山，所以金人会有这样的诗语。我一时解答不出，就只指示了他们以一排南宋故宫的遗址。大约自凤山门以西，沿凤凰山而北的一段，一定是南宋的大内，穿过万松岭，可以直达湖滨的。他们才豁然大悟地说："原来是如此，立马吴山，就可以看得到宫城的全部，金人的用意也可算深了。"这一个对于第一峰三字的解释，不知究竟正确不正确。但南宋故宫的遗址，却的确可以由城隍山或紫阳山的极顶，看得一望无遗的。

现"吴山天风"已被列为"新西湖十景"之一。盖出自元代诗人萨都剌的"天风吹我登驼峰，大山小山石玲珑"，并近代秋瑾的七绝《登吴山》：

老树扶疏夕照红，石台高耸近天风。

茫茫浩气连江海，一半青山是越中。

玉　皇　山

龙山，一名卧龙山，又名龙华山，与上、下石龙相接，去城南可十里许。天目分支，沿江而东，结局于此，蜿蜒若游龙然。

[龙山，一名卧龙山，又名龙华山，与上、下石龙山相连接，离开城南大约有十里多路。天目山的分支，沿江而东，到这里终于结束，山势蜿蜒如游龙一般。]

现代作家郁达夫，写过《玉皇山》一文，内中提到：

我闲时上山去，于登眺之余，每想让出几个月的工夫来，为这一座山，为这一座山上的寺观，抄集些像志书材料的东西；可是蓄志多年，看书也看得不少，但所得的结果，也仅仅二三则而已。这山唐时为玉柱峰，建有玉龙道院；宋时为玉龙山，或单称龙山，以与东面的凤凰山相对，使符郭璞"龙飞凤舞到钱塘"之句；入明无为宗师，创建福星观，供奉玉皇上帝，始有玉皇山的这一个名字。

玉皇山还有育王山这个名称。五代时，吴越国主曾从明州(今浙江宁波)迎阿育王像供于此山。后来道教渐兴，郁达夫所提到的"福星观"，也是由佛寺改建的。

但从全局来看，西湖周围的名山，如云栖、五云、龙井、虎跑、灵隐、天竺、韬光和北高峰等处，寺院比比皆是。只有一北一南的黄龙洞与玉皇山才由道士主持。连林逋《西湖》诗也云："春水净于僧眼碧，晚山浓似佛头青。"元人杨维桢又有"柳条千树僧眼碧,桃花一株人面红"。

郁达夫是比较喜欢玉皇山的,认为它应该成为湖上第一名区,可香火始终没有灵隐天竺那么旺盛,"实在有点儿为它抱不平"。

细想想,玉皇山的所以不能和灵隐三竺一样的兴盛,理由自然是有的,就是因为它的高,它的孤峰独立,不和其他的低峦浅阜联结在一道。特立独行之士,孤高傲物之辈,大抵不为世谅,终不免饮恨而终的事例,就可以以这玉皇山的冷落来做证明。

慈云岭是游玉皇山的主要山径,沿途林深如海,花繁似锦。明时岭顶有"江湖伟观亭",可南瞰钱江,北眺西湖。岭南坡有五代后晋天福七年(942)所凿石像。东龛七座造像,其中弥陀、观音、大势至三尊坐像,合称"弥陀三尊"。北龛雕地藏在九华山削发为僧故事。地藏原为朝鲜太子金乔觉。这两龛石刻依山而建,造像面目丰满,仪态端庄,明显继承了晚唐艺术风格。在西湖诸石窟造像中,最为古

玉皇飞云

老精致。五代时，这里原有一座石龙永寿寺石佛院，后来寺院毁于兵燹，这两座摩崖石刻也被山上坍下来的泥土所封蔽，逃过历史的诸多劫难，近年才被人发现。

由慈云岭继续向右攀登，到紫来洞。"紫气东来"即是道家典故。洞深邃莫测，内有一平地，足可容一二百人。而后渐入渐幽，大洞套小洞，洞中有洞，扑朔迷离。出洞口，崖上伸几枝碧桃，更有一小园，假山花卉，大片樱花，灿若轻云，使人恍入仙境。站在庭园边沿，可见慈云岭南麓的八卦田。田为八角，把田分成八丘，种着八种庄稼。中间系一圆形土墩，状如八卦中的阴阳鱼。相传此田是南宋皇帝为祈丰收，举行春播仪式的地方。

再由此向上，修篁夹道，绿雾沾衣，萧萧盈耳间，便至玉皇宫。宫后有白玉蟾井，相传为南宋道人葛长庚（别名白玉蟾）所凿。《游览志》曾录白玉蟾七绝《中秋月》，堪称奇诗：

千崖爽气已平分，万里青天辗玉轮。

起向钱塘江上望，相逢都是广寒人。

白玉蟾大概也属于郁达夫指称的"特立独行之士，孤高傲物之辈"。井虽在山顶，井水却四季不枯。

人说玉皇山是杭州纵览江湖秀色、云飞霞卷的最佳处。今人夏承焘1930年11月1日记游玉皇顶：

高处望阴云暖堞中，似荷叶千顷，黑白闪耀，一老僧指示曰："此杭城也。"乃知为城中住屋。绝顶望西湖甚小。

"玉皇飞云"现已成为"新西湖十景"之一。其实，无须什么修炼长生，山上空气新鲜，阳光充足，爽神悦目，便是摄生之道了。郁达夫就说过："我平时爱上吴山，可以借登高的远望而消胸中的块垒，可是块垒大了，几杯薄酒和小小的吴山，还消它不得的时候，就只好上玉皇山去。"

凤　凰　山

凤凰山，两翅轩翥，左薄湖浒，右掠江滨，形若飞凤，一郡王气，皆藉此山。自唐以来，肇造州治，盖凤凰之右翅也。钱氏因之，递加拓饰。逮于南宋建都，而兹山东麓，环入禁苑。张闳华丽，秀比蓬昆，佳气扶舆，萃于一脉。开署布政，驻辇宅中，民史之所凭依，帝王之所临莅，隐隐赈赈者六七百年，可谓盛矣。元时，纳胡僧之说，即故宫建五寺，筑镇南塔以压之，而兹山到今落寞。……山据江湖之胜，立而环眺，则凌虚骛远，瑰异绝特之观，举归眉睫。

[凤凰山，两翅高举，左翼接西湖，右翼掠钱江，整个山形宛若一只飞翔的凤凰。一州的王气，都孕蓄于此。从唐朝以来，开始把这里作为州治的所在地，落在凤凰山的右翅上。吴越王钱镠，接着又拓展增饰。等到南宋以杭州为都城，此山东边的山麓，都被纳入皇帝的御花园。宏伟华丽，可以与蓬莱、昆仑的仙山相媲美。佳气扶摇直上，聚集到这一条山脉上。开衙署，布政令，皇帝的车马停靠在这里，老百姓和官员们有所依赖，帝王的大驾有所驻留，就这样升平繁华了六七百年，可以说是昌盛了。元朝，采用胡僧杨琏真伽的提议，在南宋故宫的旧址上建立五座寺院，并筑镇南塔以镇压，因而这座山到今天还是冷落。……凤凰山占有江、湖之胜，站在山上四面观望，会觉得自己身在空中，目及远方，独特非凡的景色，一一收入眼帘。]

凤凰山古称凤山，位于西湖南面的万松岭与慈云岭之间。从高处了望，自西北蜿蜒而来的山峦至此突分双翼，左接西湖，右掠钱江。"轩翥（zhù 音注）"：高高举起的样子。早在

隋开皇年间(581—600)，隋文帝杨坚改钱塘郡治为杭州州治，大臣杨素就在这里依山筑城，选定凤凰山作为州治所在地。钱镠建吴越国时，又把凤凰山作为国治所在。他在隋、唐州治的基础上大加扩建，内修"子城"（宫城），外筑"罗城"（都城），把凤凰山经营成一个富丽堂皇的"地上天宫"。宋室南渡，醉生梦死的小朝廷更是青出于蓝，在这"两翅轩翥"的山上，建造了大殿三十座、堂三十三座、阁二十六座、斋四座、楼七座、台六座、亭九十座，真是"谁知凤舞龙飞外，别有楼阁横云霄"。紫禁城内，还有人工开凿的"小西湖"，柳堤环抱，六桥横枕，层峦奇岫，并如西湖。据说"亭榭之盛，御舟之华，则非外间(西湖)可拟"。"隐隐赈赈者六七百年"，"赈赈"同"振振"。"六七百年"说法有误，应作三四百年。

宋元交替，凤凰山宋宫大半被火焚毁，幸存的一些宫殿，也在元至元十三年(1276)，被杨琏真伽改建为报国、兴元、般若、尊胜、仙林等五座寺院。

《游览志》还录有几首七律。元人黄潜："沧海桑田事渺茫，行逢遗老色荒凉。为言故国游麋鹿，漫指空山号凤凰。春尽绿莎迷辇道，雨多苍茅上宫墙。遥知汴水东流畔，更有平芜与

夕阳。"元人杨维桢:"天山乳凤飞来小,南渡君臣又六朝。劫火不烧杨琏塔,箭锋犹抵伍胥潮。磷光夜附山精出,龙气秋随海雾消。惟有宫人斜畔月,夜深犹自照吹箫。"

张岱《西湖梦寻·宋大内》记:

《宋元拾遗记》:高宗好耽山水,于大内中更造别院,曰小西湖。自逊位后,退居是地,奇花异卉,金碧辉煌,妇寺宫娥充斥其内,享年八十有一。……元兴,杨琏真伽坏大内以建五寺,……白塔计高二百丈,内藏佛经数十万卷,佛像数千,整饰华靡。取宋南渡诸宗骨殖,杂以牛马之骼,压于塔下,名以镇南。未几为雷所击,张士诚寻毁之。

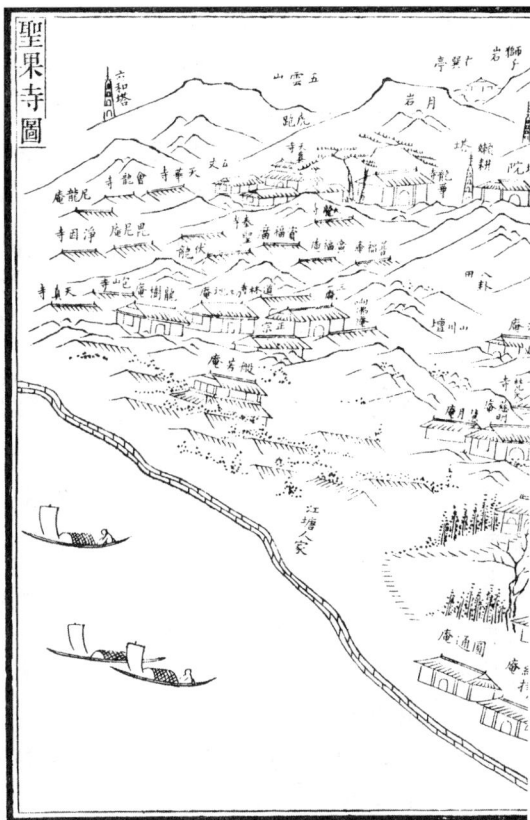

凤凰山胜果寺图

[《宋元拾遗记》这本书记载:宋高宗沉溺山水,于皇宫中另造别一番处所,名"小西湖"。从他让位后,退居到这个地方,奇花异草,金碧辉煌,妇人、太监和宫女充斥其间,高宗享年八十一岁。……元代开始,杨琏真伽破坏宋宫,建立了五个寺院。……白塔高二百丈,里面藏着数十万卷佛经,数千佛像,整齐华丽。杨琏真伽盗来宋南渡宗室中人的骨骸,与牛、马的骨骼混在一起,压于塔下,取名叫镇南塔。不多久,塔遭雷击,元末张士诚又把塔彻底毁掉。]

元人郭畀《客杭日记》至大元年(1308)十月十八日,也记录了杨髡的兽行:

是日,游大般若寺,寺在凤凰山

之左，即旧宫地也。地势高下，不可辨其处所。次观杨总统所建西番佛塔，突兀二十余丈，下以碑石甃之，有先朝进士题名，并故宫诸样花石。亦有镌刻龙凤者，皆乱砌在地。山峻风寒，不欲细看而下。……俯视钱塘江水，大略与扬子江同，惟隔岸越山，苍翠差胜耳。远见西兴渡口，烟树如荠。

[这一天，游大般若寺。寺院坐落在凤凰山的左边，也就是南宋故宫的所在。地势高高低低，无法辨认原先是些什么地方。接着，看了江南释教都总统杨琏真伽建造的西藏式佛塔，平地高起二十多丈，下面用些旧碑石砌成，碑上有前朝进士们的题名。还有旧宫殿里各式各样雕花的石块，也有刻着龙和凤凰形象的，都杂乱无章地堆砌在地面上。山势陡峭，风又寒冷，不想再细看就下了山。……往下看钱塘江水，跟扬子江的景色差不多，只是隔江绍兴一带的山色苍翠，比较出色些罢了。远远看见南岸的西兴渡口，含着烟气的树木小得如一丛蒺藜。]

近人胡寄凡《西湖新志》还专门写了《白塔》一文。

元至元二十二年八月，杨髡发宋陵寝，九月裒诸帝后遗骨，并佛经、佛像，筑塔凤凰山冈藏之，以镇王气，名"镇南塔"。高二十余丈，垩饰如雪，亦名白塔。其形如瓶，俗呼"一瓶"。属尊胜寺，又呼"尊胜"。至正末，为张士诚毁去。

[元代至元二十二年（1285）八月，杨秃驴盗掘南宋皇帝的陵墓，九月聚集那些帝、后的遗骨，加上佛经、佛像，在凤凰山冈筑塔以藏，用以镇压南宋的王气，叫做"镇南塔"。塔高二十余丈，用白色灰泥粉刷得像雪一样，又名白塔。塔的形状像瓶，世俗的称呼为"一瓶"。因在尊胜寺范围内，所以又叫"尊胜塔"。到了至正末年（1367）被张士诚毁掉。]

"裒（póu音抔）"：聚集。"垩（è音饿)饰"：用白色灰泥粉刷。

杨髡所建五寺今毁。报国寺据说就是宋宫的垂拱殿，是皇帝"常朝四参"的地方。仙林寺原为延和殿，在垂拱殿后，据说凡遇大典，皇帝就事先宿斋此殿。尊胜寺即福宁殿，是皇帝的寝殿。这一带还有听朝决事的崇政殿、供奉御墨和元夕赏灯的复古殿，赏花、修禊用的钟美堂，夏日避暑听事用的选德殿和翠寒堂等。据周密《武林旧事·禁中纳凉》记：

禁中避暑，多御复古、选德等

殿，及翠寒堂纳凉。长松修竹，浓翠蔽日，层峦奇岫，静窈萦深，寒瀑飞空，下注大池可十亩;池中红白菡萏(荷花)万柄……又置茉莉、素馨、建兰……等南花数百盆于广庭，鼓以风轮，清芬满殿。御笐(竹架)两旁，各设金盆数十架，积雪如山。纱厨后先皆悬挂伽兰木、真腊龙涎等香珠百斛。蔗浆金碗、珍果玉壶，初不知人间有尘暑也。闻洪景卢(洪迈，字景卢——笔者)学士尝赐对于翠寒堂，三伏天体粟，战栗不可久立，上问故，笑遣中贵人(太监)以北绫半臂(无袖夹衣)赐之，则境界可想见矣。

我想起美国作家华盛顿·欧文在周游西班牙时所写下的《阿尔罕伯拉官》:

只有那些在南方酷热的地带逗留过的人，才能体会一个住所能兼有山间的风凉和山谷中的清新葱翠，是多么可爱。每当山下的城市在正午的炎热中喘息，枯焦的平原晒得眼睛都睁不开的时候，内华达群山中传来的微风，吹过这些巍峨的大厅，带来了周围花园中的芳香。一切都使人昏昏欲睡，耽迷于南国的风光中;每当人们半闭着眼睛从浓荫下的阳台上望着闪烁发光的景色时，耳中听到的是沙沙的枝叶声和潺潺的流水声，好像是催眠的歌曲。

一切都睡去了。那些或在山坡、或在山麓、高下参差的崇殿华堂，于今安在? 七百多年后，评论家兼散文家李元洛与诗人董培伦来到凤凰山下寻踪觅古，除了新发掘的称为1995年全国十大考古发现之一的太庙遗址之外，连一砖一瓦都没有留存。"原地之上现在可见的，已是杭州卷烟厂等工厂、机关和民居。我们向居民和路人打听，都不知有什么官殿遗址或遗物。"最后在一条可以飞身而过、已经被污染的小河上，总算找到了一座古色古香的厚重水门。

这座水门以方直与弧形的麻石砌成，门洞里的麻石上有拴绳的石眼和开关水门的洞眼，"凤山水门"石匾仍高嵌在水门的门楣之上，为南宋的皇城作时空邈远的旁证和孤证。(李元洛《宋词之旅·临安行》)

梵 天 寺

梵天寺，宋乾德中，吴越王建，名南塔，治平中，改今额。元元统中毁，皇明永乐十五年重建。有石塔二，灵鳗井、金井。先是，四明阿育王山有灵鳗井，吴越王迎阿育舍利归梵天寺奉之，凿井南廊，鳗忽见，僧赞宁有记。僧志铨诗："落日寒蝉鸣，独归林下寺。柴扉夜未掩，片月随行履。惟闻犬吠声，又入青萝去。"苏子瞻和诗："但闻烟外钟，不见烟中寺。幽人行未已，草露湿芒履。惟应山头月，夜夜照来去。"

[梵天寺，是在宋乾德年间（963—967）由吴越国王建的，名叫南塔。治平年间（1064—1067），才改成梵天寺。元代元统年间（1333—1334）毁坏，明朝永乐十五年（1417）重建。寺内有两座石塔，灵鳗井、金井。先前，宁波阿育王寺有灵鳗井。吴越国主、武肃王钱镠迎阿育王的舍利子到梵天寺供奉，在南廊凿井，灵鳗忽然出现了。寺僧赞宁曾经记录过这件事。寺僧志铨写过一首诗（诗略）。苏东坡和了一首（诗略）。]

"舍利"：梵语，一译"设利罗"。本指释迦牟尼遗体火化后结成的球状的东西。后高僧火化后所遗此类物件也可称舍利，或叫舍利子。

南宋周紫芝《竹坡诗话》评东坡和诗"虽欲回三峡倒流之澜，与溪壑争流，终不近也"。"不近"是指东坡和诗，还是不像出家的志铨（应为

惠铨）有幽寂之气。从诗境上说，东坡诗较为开阔，但"意"与"境"稍隔，更多的是一种旁观，难免只得幽绝之表。惠铨由"蝉鸣"深处归寺，继而与"片云"同入"柴扉"，继而"更入青萝"，终于融入到那深不可测的杳然若无的青霭之中去了。这就不仅仅是"人"入幽绝，而且是"意"入幽绝，传出了"幽人"的风韵。东坡也是见寺壁上此诗"清婉可爱"，才和韵的，并进而与惠铨成了好友。

梵天寺在凤凰山西南。东坡另有《梵天寺题名》：

余十五年前，杖藜芒屦，往来南北山。此间鱼鸟皆相识，况诸道人乎！再至惘然，皆晚生相对，但有怆恨！

中国有不少第一流的诗人、画家，甚至思想家，在其青少年时代或一生之中，总有一段或长或短的寺院生活；与方外之士交游，更是题中之义，这对于他们的人格熏陶，对于他们的心理发展，实在是一种很好的缘助，因为宗教人生可以开启形上智慧与超逸想象。江南有这么多诗人、画家、文士，与"南朝四百八十寺"的烟岚洗沐，大有关联。

胜 果 寺

胜果寺，唐乾宁间，无著喜禅师建。吴越王镌弥陀、观音、势至三佛，及十八罗汉像于石壁。宋庆历初，赐额"崇圣寺"，元至正间毁。皇明洪武初，兴初禅师建，又毁。永乐十五年重建。松径盘纡，涧淙潺潺。唐僧处默诗："路自中峰上，盘回出薜萝。到江吴地尽，隔岸越山多。古林丛青霭，遥天浸白波。下方城郭近，钟磬杂笙歌。"

〔胜果寺，是在唐乾宁间（894—897）由无著喜禅师所建。吴越王钱氏令人刻弥陀、观音、大势至三佛，还有十八罗汉像在寺内石壁。宋庆历（1041—1048）初，仁宗赐匾额"崇圣寺"。元代至正年间（1341—1367）毁坏。明朝洪武（1368—1398）初，兴初禅师重建，又毁。永乐十五年（1417）再建。松径盘旋迂回，涧溪发出轻轻的声音。唐代和尚处默写诗道（诗略）。〕

"潺潺（zhuó音浊）"：小水声。由梵天寺向北，再折而西，回绕松径，即为胜果寺，所以处默诗说"路自（凤凰山）中峰上，盘回出薜萝"。"到江"二句言：到了钱塘江，吴地就到尽头了，

隔江为连绵的越山。尾联言：寺下不远处便是城市，山上的钟磬与山下的笙歌相混杂。处默还有一首有名的《织妇》诗：

蓬鬓蓬门积恨多，夜阑灯下不停梭。

成缣犹自陪钱纳，未值青楼一曲歌。

看来，处默之所以能在钟磬声中，听到山下笙歌的杂音，说明他心中未能完全忘却世事。《织妇》诗就更不用说了。最尖锐的是第三句，交绢给官府时，要行贿才能被对方收下，否则对方就会挑挑剔剔，自己又要重织了。

无独有偶，作为一州太守的白居易，也有一首同情劳动妇女的诗《代卖薪女赠诸姬》：

乱蓬为鬓布为裙，晓踏寒山自负薪。

一种钱塘江畔女，着红骑马是何人？

张岱《西湖梦寻·胜果寺》补记：

宋熙宁间，有寺僧清顺住此。顺约介寡交，无大故不入城市。士夫有以米粟馈者，受不过数斗，盎贮几

上，日取二三合啖之，蔬笋之供，恒缺乏也。一日，东坡至胜果，见壁间有小诗云，"竹暗不通日，泉声落如雨。春风自有期，桃李乱深坞。"问谁所作，或以清顺对。东坡即与接谈，声名顿起。

[宋代熙宁年间（1068—1077），有一位名叫清顺的和尚住在寺里。清顺俭约耿介，少有朋友，没有重要的事，不到城里去。士人有以米粟赠送，他只接受几斗，用口小腹大的容器放在桌上。每天只取二三合（十合为一升）吃，蔬菜竹笋，常常缺乏。一天，东坡到胜果寺，看见寺壁间有小诗（诗略），问是谁写的，有人说是清顺，东坡就与他会见谈心，清顺的名声由此马上传开了。]

明人高濂所著《四时幽赏录·胜果寺月岩望月》云：

胜果寺左，山有石壁削立，中穿一窦，圆若镜然。中秋月满，与隙相射，自窦中望之，光如合璧。秋时当与诗朋酒友，赓（gēng音庚）和清赏，更听万壑江声，满空海色，自有一种世外玩月意味。左为故宋御教场亲军护卫之所，大内要地，今作荒凉僻境矣。

[胜果寺的左边，山上有一座削立的石壁，石壁中间有一个洞孔，其圆如镜。中秋月光盈满时，与这个洞孔相照射，从孔中观察，月亮浑圆得像一块完整的白玉。秋天的时候，应该与诗朋酒友，来这里唱和，欣赏清景，更听传遍万壑的江声，看那满空倒映的海色，自然会有一种身处尘世之外的玩月意味。]

胜果寺

月岩左边是过去南宋禁卫军的驻扎之所,皇宫要地,如今沦为荒凉僻静的所在了。]

大概正是因为这种沧桑感,让郁达夫在《杭州》一文中写道:"我觉得南山终胜于北山,凤凰岭胜果寺的荒凉远大,比起灵隐、葛岭来,终觉回味要浓厚一点。"

万 松 书 院

万松岭,夹道多巨松,在唐时已有之。白乐天《湖上夜归》诗:"半醉闲行湖岸东,马鞭敲镫辔玲珑。万株松树青山上,十里沙堤明月中。楼角渐移当路影,潮头欲过满江风。归来未放笙歌散,画戟重开蜡炬红。"南宋时,密迩大内,碧瓦红檐,鳞次栉比。今夷为大涂,松亦无几矣。

万松书院,本报恩寺故址也。弘治十年,参政周木毁寺而建书院,……嘉靖五年,御史潘仿建毓秀阁,翼以精舍,以待四方游学之士。

白居易诗题,《全唐诗》作《夜归》,末句"画戟重开"为"画戟门开"。看来是先有万松岭,后有白居易的诗句"万株松树青山上"的。南宋时,万松岭因紧靠凤凰山皇宫,拓为大路,名

万松书院

万松路。《游览志》提到"大内"。隋、唐、北宋时,皇宫并不固定地叫"大内"。正式把皇宫称为"大内",是从南宋开始的。"南渡后,皇帝之居曰'殿',总曰'大内'。"(《宋史·舆服志》)宋亡,"大内"荡然无存,万松路也成为一片"大涂"(烂泥地)。

弘治十年(1497)周木在唐代报恩

寺故址建万松书院。周木就是那个寻得岳飞后代，请来看守岳坟的人。嘉靖五年(1526)潘仿增建毓秀阁，与周木的初衷一样，都是为了广招"四方游学之士"。

谁知就在这座立孔子塑像以为万世师表的道德殿堂，却发生了一段惊天动地的爱情悲剧。女扮男装的祝英台来杭州读书，在凤凰山下的草桥门(望江门)憩息，与书生梁山伯相遇，言谈之间，一见如故，于是"草桥结拜"，以兄弟相称。两人在"万松书院"同窗三年，益发形影不离。英台忽接家书，言老父病危，梁山伯将祝英台从书院一直送到钱塘江边的七甲渡口。一

路上英台不断暗示，山伯却始终不悟。这便是著名的"十八相送"。梁回到书院，长久郁郁不乐。师母看不下去，拿出英台留下的定情之物玉扇坠，道出真相，梁才如梦初醒，立刻启程赶往祝家庄。但此时英台已被其父强命许配给马翰林之子马文才。山伯来得太晚了!他郁愤成疾，不治而终。英台得知噩耗，心中悲抑，然而她的喜期也到了。她要求先将花轿抬至山伯墓上，祭洒一番，然后再到马家。在坟上，英台的哭声震开了坟盖，她毅然扑进坟中。人们掘墓，坟中不见尸体，惟有两只大凤蝶翩然飞出。

化蝶的典故，最早出自《庄子》。

越剧《梁祝》剧照

后来《搜神记》又有韩凭妻的故事。战国末年，宋国大夫韩凭的妻子何氏十分美貌。宋康王强行夺之。凭悲愤自杀。何氏悄悄地把自己的衣服弄烂了。康王与她登高台远眺，她奋身跳了下去。左右急牵其衣，衣碎，化为蝴蝶。

还有蝶化为女子与人相恋的。《六朝录》载：刘子卿住庐山，有五彩双蝶来游花上，其大如燕。夜间，两个女子求见，说："感君爱花间之物，故来相谐，君子其有意乎？"子卿笑："愿伸缱绻。"于是这两个女子每天都来子卿住处，达数年之久。

为什么美丽的西湖，却有这么多爱情悲剧：苏小小，梁山伯与祝英台，冯小青，包括白娘子、陶师儿(见本书《藕花居》)……我无法回答，但化蝶的故事，无疑是他(她)们追求自由的精神指向。由此，我触摸到了礼教禁锢中一颗颗年轻心灵的搏动。如今，在金钱软化下，这搏动却日渐微弱了。

郑振铎先生写过一篇《蝴蝶的文学》，仿佛是为这青春的搏动招魂。他提到，南宋谢逸一人作了蝶诗三百首，人称"谢蝴蝶"；提到唐人郑谷的蝶诗："寻艳复寻香，似闲还似忙。"还提到日本的俳句："呵，蝴蝶，它便被追，也并不现出匆急的神气。""蝴蝶是怎样的与落花争轻呀！"文章开头的一段话，尤令人神往：

春送了绿衣给田野，给树林，给花园；甚至于小小的墙隅屋角，小小的庭前阶下，也点缀着新绿。就是油碧色的湖水，被春风粼粼的吹动，山间的溪流也开始淙淙汩汩的流动了；于是黄的、白的、红的、紫的、蓝的以及不能名色的花开了，于是黄的、白的、红的、黑的以及不能名色的蝴蝶们，从蛹中苏醒了，舒展着美的耀人的双翼，栩栩的在花间，在园中飞了；便是小小的墙隅屋角，小小的庭前阶下，只要有新绿的花木在着的，只要有什么花舒放着的，蝴蝶们也都栩栩的来临了。

"万松书院"已于2002年修复，万松岭路始终是一条僻静的路。

江干及其他：十万军声半夜潮

漫漫平沙走白虹，
瑶台失手玉杯空。
晴天摇动清江底，
晚日浮沉急浪中。

六 和 塔

六和塔,在月轮峰旁,宋开宝三年,智觉禅师建。先是,梁开平五年,钱王于仁王废院掘地得大钱,以为瑞应,因建大钱寺,设宝幢二座于寺门。入宋,寺废,禅师乃即钱氏南果园建塔,以镇江潮,高九级,五十余丈,撑空突兀,跨陆俯川,海船夜泛者,以塔灯为指南焉。宣和中,毁于方腊之乱。绍兴二十二年,僧智昙募缘重建,七级而止。……塔下为龙

山渡、鱼山渡,隔岸剡中诸山,历历可数。

[六和塔,在月轮峰旁。是宋代开宝三年(970)智觉禅师建造的。先前,梁开平五年(911)吴越王钱镠,在护国仁王寺的废址掘地得大钱,认为是吉祥的兆头,所以建了大钱寺,在寺门设立了两座宝幢。到了北宋,寺院毁坏,智觉禅师就在钱氏南果园的旧址上建六和塔,以镇压江潮。塔共九级,高五十余丈,突兀撑空,跨陆地,俯钱江,夜航的海船,把塔上的灯当作指南的航标。宋宣和年间(1119—1125),被方腊起义军毁坏。

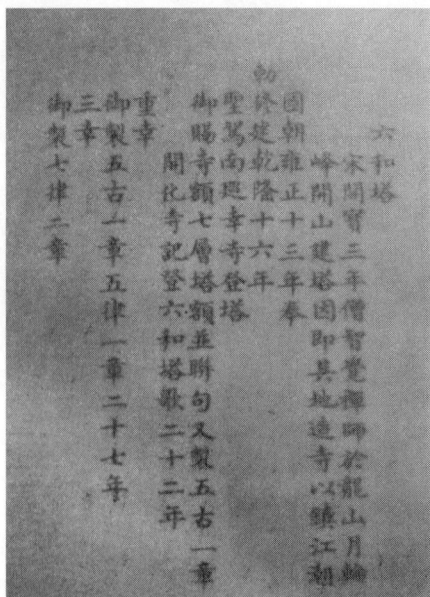

六和塔

绍兴二十二年（1152），智昙和尚四方化缘，重建宝塔，塔身只有七级。……塔下有龙山渡口、鱼山渡口，隔着钱塘江，看刹中诸山，一一数得清清楚楚。]

"幢（chuáng音床）"：刻着佛号（佛的名字）或经咒的石柱。"刹（shàn音善）"：古县名，在今浙江嵊县。

今塔中塑有智昙铜像。从外面看，塔身作八角形，十三层（因塔内每两层为一级）。每层檐角挂有铁马（铃），微风吹拂，铮琮有声。虽经多次修缮，但基本保持南宋时的模样，造型稳重挺拔，备极壮丽。

清人陆次云《湖壖杂记》，补充了《水浒》传闻：

武林有三塔，宝所塔实其中而不能登，雷峰塔虚其中而不能登，可登者惟六和塔，塔在进泷浦上，压波凌江，巍然作塔。……塔下旧有鲁智深像，今毁矣。当日"听潮而圆"，应在此处。进泷浦下有铁岭关，说是宋江藏兵处。有石门，进此者每为伏弩所射。又，国初江浒人掘地得石碣，题曰："武松之墓"。

"宝所塔"即保俶塔。"进泷浦"故址在今六和塔下钱江边。"听潮而圆"，故事见《水浒全传》第119回"鲁智深浙江坐化"。《水浒》中的两位豪杰，俱与六和塔有关，给塔平添了一派英气、几许神秘。

离六和塔不远，即为钱塘江大桥。钱江波涛汹涌，称罗刹江。当年秦始皇南巡会稽（今绍兴）时，慑于江涛险恶，只好绕道而行。钟毓龙《说杭州》云：

罗刹江，此为五代以前之名称。其时有大石矗立江心，潮浪冲击，大为舟楫患，行旅畏之，呼为罗刹石，而江遂以罗刹名。罗刹者，佛经语，译言疾速鬼也。

钱塘江大桥是茅以升教授负责设计施工的。他采用"气压沉箱法"、"水陆兼顾法"、"上下并进法"等新工艺，用了三年时间，于1937年9月建成。大桥建成仅三个月，又因日寇逼近，当局下令自行炸毁。直到1947年3月，才又重新建成通车。

九溪十八涧

九溪，在烟霞岭西南，路通徐村，水出江干，北达龙井。张光弼诗："春山缥缈白云低，万壑争流下九溪。拟溯落花寻曲径，桃源无路草萋萋。"十八涧，在龙井之西，路通六和塔。

[九溪位置在烟霞岭西南，路通徐

村,水流入钱江,北面可以到达龙井。张光弼有诗写道(诗略)。十八涧,在龙井西面,有路可以通到六和塔。]

"张光弼"即元代诗人张昱(yù音玉),庐陵(今江西吉安)人。曾言:"吾死埋骨西湖,题曰诗人张员外墓,足矣。"据旧志载:所谓九溪,是溪水从杨梅岭发源后,一路沿杨梅坞山麓顺流而下,一路自老龙井沿溪谷而来,两路溪水途中汇合了东西两边的青湾、宏发、方家、百丈、唐家、佛石、云栖、渚头、小康共九个山坞的溪水,"九溪"之名,实出于此。所谓十八涧,是指九溪之外的支流而言,前人约而举之,概称"十八涧"。十八者,其倍于九,形容数目之多,并非实指。溪涧环集,最终注入钱塘江。

俞曲园《春在堂随笔》云:"西湖之胜,不在湖而在山。白乐天谓冷泉一亭最余杭而甲灵隐。而余则谓九溪十八涧乃西湖最胜处,尤在冷泉之上也。"并以四句诗概之:"重重叠叠山,曲曲环环路,丁丁东东泉,高高下下树。"由此九溪十八涧声名鹊起。

当然,《西湖梦寻》早已有记:

九溪在烟霞岭西,龙井山南。其水屈曲洄环,九折而出,故称九溪。其

九溪十八涧

地径路崎岖，草木蔚秀，人烟旷绝，幽
阒静悄，别有天地，自非人间。溪下为
十八涧，地故深邃，即缁流(僧人)非遗
世绝俗者不能久居。

夏承焘《天风阁学词日记》(1930
年10月5日)刻画甚细：

午后招三生导游九溪十八涧，半
小时抵理安寺，小坐楠木林间，以竹丛
绿阴蔽地，盛夏当不见天日。过九溪
茶馆啜茗，自此抵龙井，即为九溪十八
涧。溪流愈入愈清，碎石齿齿，一径穿
山峡行，清听满耳，白云时起。抵龙井
约里余，而逾溪十数。……再行抵龙
井寺，一潭清澈，水作淡蓝色，可鉴毛
发。即所谓龙泓也。

"三生"是指他执教的之江大学三
位学生。1937年，夏先生又作《减字
木兰花》，词序云："六月五日，之江成
业诸友生招饮九溪十八涧，尽欢醉归。
二十八年，未尝有此也。"词为：

滩声何语，劝我诗成须起舞。那
得尊前，长是承平长少年。
酒痕休浣，明日杭州天样远。如
画溪山，容易重来别却难。

下片"酒痕"二句，大概是想到了

东坡《青玉案》中的"青衫犹是，小蛮
针线，曾湿西湖雨"。"小蛮"是白居
易的舞姬，东坡代指自己的爱妾朝云
(也是杭州人)。他穿了三年的春衫，还
是他的"小蛮"在杭州的针线，上面带
着西湖的雨水呢!不直说思念杭州，更
见蕴藉有致。学生们已毕业，自然是
"明日杭州天样远"了。结拍也一反
"别易会难"的古意，"容易重来别却
难"，更见"如画溪山"的可恋。真可
谓冷溪热肠了。

现"九溪烟树"已成"新西湖十
景"之一。取其常年流荡着薄烟、轻
岚、淡云、浅雾，飘浮在水面，出没于
林梢，淋漓渲化，层出不穷。加上明灭
的溪流、叮冬的水声，幽寂的石径，偶
尔几声清脆的鸟鸣，真想改一下张昱
的诗句："桃源有路心自迷。"

五 云 山

五云山，去城南二十里。高数百
丈，周十五里。五峰森列，驾轶云霞，
盘曲而上，凡七十二弯。俯视南北两
峰，若双锥朋立。长江带绕，西湖鉴
开，帆樯扰扰烟雾间，若鸥凫出没。上
有天井，大旱不枯。宋时，每岁腊前，
寺僧必捧雪表进，黎明入城中，霰犹未
集，盖其地特高寒云。

　　[五云山在城南二十里，高数百丈，方圆十五里。五座山峰森然屹立，凌驾于云霞，盘曲而上，共有七十二个弯。从山顶俯视南北两座高峰，好比一双锥子并排而立。长长的钱塘江像带子一样绕着山峦，西湖好似镜子一样闪闪发光，江上的帆船，在烟雾间来来往往，像鸥鸟出没。五云山上有天井，大旱时节也不会干涸。宋朝时，山上的寺僧一定会捧着贺雪表进城呈宫廷。早晨入城，城里的雪子还没有形成，只因五云山地势高寒，下雪独早啊。]

　　"雪表"：贺雪表。瑞雪兆丰年。常有臣子因冬日下雪上表皇帝，以示庆贺。唐李峤、权德舆均有《贺雪表》。宋高宗绍兴十三年(1143)，秦桧也有表贺瑞雪，是为宋时贺雪之始。(见《宋史·秦桧传》) "霰(xiàn音宪)"：雪子，多在下雪前出现。

　　近人胡寄凡《西湖新志》评五云山："盖杭之诸山之最高者。登其巅，则南、北二高峰，如儿孙矣。"

　　钟毓龙《说杭州》云："冈峦秀绝，林壑蔚起，钱江三折，正当其前。……先是山巅尝有五色瑞云盘旋其上，故有此名。"

　　今人夏承焘先生，在《天风阁学词日记》中也载：1932年4月23日，他与顾颉刚、雁晴、雍如等友人，午后登五云山：

　　时山雾大作，窗户间滃渤出入。欲下山至云栖，山路十余步外，即不辨

五云山风光

人马,俯视迷茫一片,如置身云海烟涛中。山风四起,松声如潮,共叹为未历之奇。行五里,问地名,曰郎笪山,去云栖已十里。因知雾中迷路,欲由天竺入城,又恐天晚无车,因仍原径返。雾雨更重,发如新沐,衣履皆湿透。雍如谓山下不必有雨。行七八里抵山麓,果然石路干燥。回望来径,烟云万状,如在天上也。

上世纪八十年代初,笔者游完云栖,兴犹未尽,见天色尚早,遂孤身从云栖后山向右循石磴攀五云山,翻山过岭,松青如沐,花红欲燃,另有一番风情。至山顶,放眼江湖,颇有立马吴山之概。下至天竺灵隐,已入暮矣。当时还写过一首小诗,虽不佳,但感受还是真实的:

半裹云絮,
秀色溢天;
石磴千级
左旋右盘;
似乎走了一山,
又是一山。

怪石如兽,
落叶似毯;
枝头草丛
鸟飞兔窜;

越往 云深处,
越是少人烟。

忽见右下方
闪出湖光一片;
多情西子
笑靥迎人,
明眸流盼,
给我多少慰安!

此刻呵,
仿佛身回人间。
这大千世界
形形色色,
纷纷攘攘,
苦苦甜甜,
毕竟充满生机,
令人眷恋……

云　栖

钟毓龙《说杭州》云:

莲池大师《云栖寺记》曰:五云山之五色瑞云,已而飞集山西坞中,经久不散。时人异之,故坞名云栖。或谓因在五云山之西而名也。沿坞竹树茂列,幽兰丛生,如是者数里。游人品为湖山第一奥区。

云栖

那五色云霞，经此竹海过滤，也变成绿云了。而被誉为世界奇种的兰花"绿云"，就产在云栖。

某夏日，我曾坐车过六和塔，沿钱塘江畔奔驰，奇峰在眼，变幻多姿，经梵村、徐村，直至"三聚亭"，始为"云栖竹径"入口。由此步入山坞，修篁逾万，翠色锁天。一条青石板铺成的长路，穿行竹海，直通深幽。山风起处，竹叶婆娑，时生逸响。阳光透过枝叶，撒下零光碎影，斑斑驳驳地映在游人脸上衣上，再听得一路溪声，令人清凉透腑，飘举若仙，真希望竹径就这么延伸下去，没有尽头……

明人李流芳有《江干积雪图》：

余春夏秋尝在西湖，但未见寒山而归。甲辰，同二王参云栖。时已二月，大雪盈尺。出赤山步，一路琼枝玉干，披拂照耀。望江南诸山，皑皑云端，尤可爱也。

文中用一"参"字，有参拜朝圣之意，可见郑重。其实对"云栖竹径"这样不容亵渎的风景，确应有"绿净不可唾"的虔诚。云栖四面皆山，所以跋中有"望江南诸山"等句。

作者秋天来时，也写过："犹记出云栖时，雾初合，四望皆空，时见天末一痕两痕，皆山顶也。"

云栖附近有宋城，为目前中国最大的宋文化主题公园，1996年5月18日开园。倘你游完宋城，再来云栖，更感到这是一个世上难寻的绿云静境！现"云栖竹径"已成"新西湖十景"之一。

近读日本作家、诺贝尔文学奖得主川端康成的散文《温泉通信》，其中一段描写，简直就像是专写云栖的：

竹林用寂寞、体贴、纤细的感情眷恋着阳光，再没有什么东西能比得上它了。……观赏竹林，不能从向阳处，而必须从背阳处。还有比竹叶上闪烁着的阳光更美的阳光吗？竹叶和阳光彼此恋慕所闪出的光的戏谑吸引了我，使我坠入无我的境地。纵令不闪光，阳光透过竹叶所呈现的浅黄透明的亮色，难道不正是令人寂寞、招人喜欢的色彩吗？我自己的心情完全变成这竹林的心情了。

《湖山便览》曾记一位诗僧的绝句，最有禅机：

几年魂绕浙城西，十里荷花漾锦陂。

踏遍两峰三竺路，又随青嶂入云栖。

归绚烂于平淡，这正是人生的心路历程。

钱 江 潮

南宋吴自牧，仿孟元老《东京梦华录》体例，撰《梦粱录》，专记当时都城临安的风俗、艺文等。他又是当地人，所以如数家珍。曾记《观潮》：

临安风俗，四时奢侈，赏玩殆无虚日。西有湖光可爱，东有江潮伟观，皆绝景也。

文后还录了白居易、苏东坡几首观潮诗。现摘东坡一首：

定知玉兔十分圆，已作霜风九月寒。

寄语重门休上钥，夜潮留向月中看。

不知为什么，吴自牧竟忘了收录北宋陈师道的《十七日观潮》：

漫漫平沙走白虹，瑶台失手玉杯空。

晴天摇落清江底，晚日浮沉急浪中。

追忆临安的，还有周密的《武林旧事》。他写观潮，更为生动：

浙江之潮，天下之伟观也。自既望以至十八日为最盛。方其远出海门，仅如银线；既而渐近，则玉城雪岭，际天而来，大声如雷霆，震撼激射，吞天沃日，势极雄豪。……吴儿善泅者数百，皆披发文身，手持十幅大彩旗，争先鼓勇，溯迎而上，出没于鲸波万仞中，腾身百变，而旗尾略不沾湿，以此夸能；而豪民贵宦，争赏银彩。江干上下十余里间，珠翠罗绮溢目，车马塞途。饮食百物，皆倍穹(高)常时，而僦(jiù音就)赁(租借)看幕，虽席地不容闲也。

"既望"：阴历每月的十六日，这里指八月十六日。

东坡写"夜潮留向月中看"，明代高濂便有此雅兴，在《四时幽赏录》中记他夜登六和塔：

顷焉风色陡寒，海门潮起。月影银涛，光摇喷雪，云移玉岸，浪卷轰雷，白练风扬，奔飞曲折，势若山岳声

钱江畔

钱江潮

腾,使人毛骨欲竖。古云"十万军声半夜潮",信哉!

"十万军声半夜潮",引自唐代赵嘏的《钱塘》残句:

一千里色中秋月,十万军声半夜潮。

明人汪砢玉更记下钱江潮的独特之处:

盐官潮来,则稍拍岸,激石成声,与长溪松山下潮相似。惟钱唐则不然。初望之,一片青气,稍近则茫茫白色,其声如雷,其势如山,吼掷狂奔,一瞬至岸,如崩山倒屋之状。三跃而定,则横江千里,水天一色矣。近岸一带人居,潮至,浪花直喷屋上,檐溜倒倾,若骤雨然。初观之,亦令人心悸。

他还引《涌幢小品》的一段妙语:"看来潮汐分明是天地之呼吸。人非呼吸则死,天地非呼吸则枯,……"

今人钟毓龙《说杭州》则用科学解释:

凡江河之口,皆受海潮,何以浙江

之潮独大？……地理学家谓，海宁县东五十里有小尖山，斜出海中，为半岛形，与南岸上虞县之夏盖山遥遥相对。二山在水底实相联贯。其山根横亘海水之下，深达八十尺，俨若户限。距水面则为十二尺。故所谓尖山山口者，实钱塘江之真正门户也。潮汐入口，必逾此户限，由十二尺深度处，顺水势下降至八十尺以下之深处。高屋建瓴，俨若瀑布。至山根尽处，势必倒卷而上。而西来之钱塘江水，亦自江底极深处递上以求出海。两水乃大相冲突。但江水之力，不及海水之大。卒被海水倒涌，驾江水之上而进，于是涛头以起。以后愈西，江面愈狭，而涛头亦愈高。成因盖如此。……大抵江河之口作喇叭形者，海水推送，以拥挤而愈涌愈高，此为一定之原因耳。

皋 亭 山

皋亭山在县治东北二十里，高百余丈，有崇善灵惠王祠，名半山庙。旁有水瓮及桃花坞。

这是南宋咸淳《临安志》所载。山在杭州市东北郊。德祐二年(1276)，伯颜所率的蒙古军，从长安镇(今海宁县长安镇)进驻此山；然后再攻占杭州。钟毓龙《说杭州》记："山前后多桃树，延播十八里。山中人栽之，售其实以为生者。有坞，即以桃花名。……山上有撒沙夫人庙，杭人以半山娘娘呼之。土产有泥猫，祈蚕者多购之以归，谓能辟鼠。……冬月常积雪，自湖墅望之，宛如玉柱，故'皋亭积雪'为湖墅八景之一。"

郁达夫在《皋亭山》一文中有诗："看遍野梅三百树，皋亭山色暮苍苍。"盖旧历五月，此地杨梅尤盛，色紫者多。还记下当地居民关于"半山娘娘"的传说：

"半山娘娘最有灵感，看蚕的人家，每年来这里烧香的，从二月到四月，总有几千几万。"

"半山娘娘，是小康王封的。金人追小康王到了这里的山腰，小康王无处躲了，幸亏这娘娘一把沙泥，撒瞎了追来的金人的眼睛。"

"小康王逃入了半山的山洞，金人追到了，幸亏娘娘把一篓细丝倒向了洞口，因而结成了蛛网。金人看见蛛网满洞，晓得小康王决不躲在洞里，所以又远追了开去。"

郁达夫接着说：

其实呢，半山庙所祀的为倪夫人；据说，金人来侵，村民避难入山；向晚大家回村去宿，独倪夫人怕被奸污，留居山上，夜间为毒蛇咬死。人悯其贞，故立庙祀之。所谓撒沙，所谓倒丝筐，都是由这传说里滋生出来的枝节，而祠为宋敕，神为女神，却是实事。

一年后，郁达夫看见去万安集、半山、超山进香的香船，还写过一首诗：

半堤桃柳半堤烟，急景清明谷雨前。

相约皋亭山下去，沿河好看进香船。

超　　山

郁达夫在《超山的梅花》一文中感叹：现代人游杭州，"一般人只知道三竺六桥，九溪十八涧，或西湖十景，苏小岳王；而离杭城三五十里稍东偏北的一带山水，现在简直是很少有人去玩，并也不大有人提起的样子"。

在古代可不同；至少至少，在清朝的乾嘉道光，去今百余年前，杭州人的好游的，总没有一个不留恋西溪，也没有一个不披蓑戴笠去看半山（即皋亭山）的桃花，超山的香雪的。

于是他热心地为读者作了一次怀

郁达夫先生

古之游。

"汽车走过的临平镇，是以释道潜的一首'风蒲猎猎弄轻柔，欲立蜻蜓不自由，五月临平山下路，藕花无数满汀洲'的绝句出名。"

"超山一带的梅林，成千成万；由我们过路的外乡人看来，只以为是乡民趣味的高尚，个个都在学林和靖的终身不娶，殊不知实际上他们却是正在靠此而养活妻孥的哩。"

"大明寺前的所谓宋梅，是一棵曲屈苍老，根脚边只剩了两条树皮围拱，中间空心，上面枝干四叉的梅树。……去年秋天，曾在天台山国清寺的伽蓝殿前，看见过一株所谓隋梅；前年冬天，也曾在临平山下安隐寺里看见过一枝所谓唐梅。但所谓隋，所谓唐，所谓宋等等，我想也不过'所谓'而已，究竟如何，还得去问问植物考古的专家才行。"

超山还有现代著名画家吴昌硕的坟墓。吴昌硕生前多次来超山探梅，曾在一首诗中写道：

十年不到香雪海，梅花忆我我忆梅。

何时买棹冒雪去，便向花前倾一杯。

超山写意

人物：西子湖头有我师

江山也要伟人扶，
神化丹青即画图。
赖有岳于双少保，
人间始觉重西湖。

苏 小 小

《游览志余》载："苏小小者，钱唐名娼也，盖南齐时人。其墓或云湖曲，或云江干。"并引一首古词，也即《古乐府》中的《苏小小歌》：

妾乘油壁车，郎骑青骢马。
何处结同心，西陵松柏下。

"西陵"也称西林、西村，是西泠桥的古称。此桥未建之前，原是一个渡口，人们前往孤山游赏，都要在这里摆渡，即"西村唤渡处"。由西泠往东，从孤山可至断桥。这一带风水宝地，埋葬了岳飞、秋瑾、林逋，还有苏小小。一位妓女，即使是名妓，为什么能与英雄、名士相提并论呢？

于是人们编出了故事，说"郎骑青骢马"的"郎"，是当时相国阮道之子阮郁。他与苏小小热恋，后来被父命催回，从此音信杳然。小小并未因此自卑、自戕，她走出了阴影，出百金捐助一位穷苦书生鲍仁赴考。鲍仁后来果然当了滑州刺史，回杭报恩时，小小因受了风寒，一病不起。鲍仁伤恸之余，亲扶小小灵柩，安葬西泠，并立

"钱塘苏小小之墓"石碑。后人又在墓旁建了一座"慕才亭"。

事见清代墨浪子所撰《西泠韵迹》，虽然虚诞，但文中有两处，写得十分动人，即是小小十九岁临终时，对姨娘说的话：

……借风露天寒，萎芳香于一旦；假巫山云梦，谢尘世于片时，使灼灼红颜不致出白头之丑，累累黄土尚动人青鬓之思。失者片时，得者千古，真不大为得计乎？姨娘当为甥女欢喜，不当为甥女悲伤。

这段自白，使小小成了真正的"完美主义者"，她不能容忍任何生命的缺憾。比之巴黎的茶花女，更有一种东方式的诗意追求。

交，乃浮云也；情，犹流水也；随有随无，忽生忽灭，有何不了，致意于谁？至于盖棺以后，我已物化形消，于丰俭何有？悉听人情可也。但生于西泠，死于西泠，埋骨于西泠，庶不负我苏小小山水之癖。

如此襟怀，即便须眉辈中，也少有此爽气。

埋骨西泠的，还有明代才女冯小青。还是清人陆次云《湖壖杂记》说

得好：

> 游人至孤山者，必问小青；问小青者，必及苏小。孰知二美之墓，俱在子虚乌有之间。……余曰："咏巫山者，谓'朝云暮雨连天暗，神女知来第几峰？'泛洞庭者，谓'日落长沙秋色远，不知何处吊湘君？'引人入胜，正在缥缈之际。子于二美，亦当作如是观，必欲求之，何邪？"

"朝云暮雨"二句，为唐人张子容诗。"日落长沙"二句，为李太白诗。也正是一首《苏小小歌》，才引起那么多"正在缥缈之际"的传闻。如白居易"涛声夜入伍员庙，柳色深藏苏小家"（《杭州春望》）、"若解多情寻小小，绿杨深处是苏家"（《杨柳枝词》），如明代纪青"墓头堤上柳株株，才子佳人总姓苏"，还有元代宋本的"作得吴歌阿谁唱，小卿(青)坟上露兰枯"（均见《西湖竹枝词》）。其中《游览志余》所载唐人李贺的一首《苏小小墓》，最为出名：

> 幽兰露，如啼眼。
> 无物结同心，烟花不堪剪。
> 草如茵，松如盖，
> 风为裳，水为佩。
> 油壁车，夕相待。
> 冷翠烛，劳光彩。
> 西陵下，风吹雨。

不仅描写细腻生动，而且最得小小命运的神髓。生前追求爱情的苏小小，死后仍怀念着自己的情人，但已经没有东西可以作为信物，坟地上的烟花也不堪剪来相赠。曾经使苏小小沉醉的、充满柔情密意的西陵，如今只有凄风苦雨。

风靡全球的电影《魂断蓝桥》，深情地叙述了一位英国妓女的爱与恨，留下了《友谊地久天长》的不朽名曲，也许可以解释苏小小这位艺妓生命的魅力所在。乐府《苏小小歌》与李贺《苏小小墓》也同样不朽。

桃花流水杳然去，油壁香车不再逢。

袁枚在《随园诗话》中记载过这样一件事：我曾随意刻了一个私章，用唐人"钱塘苏小是乡亲"的诗句。有位尚书大人过访金陵，向我要诗集，我一时未加考虑，盖上了这枚印章。不料尚书大人大加指责。我开始还表示歉意，但他一味指责不休。我便正色道："先生大概认为这个印章不像样子吧？在今天看来，您自然是一品大官，苏小的身份很低贱。不过百年以后，恐怕人们只知道有苏小，不再记得大人您了。"

苏小小墓

近人清波在《湖上探春记》一文中，也有这样一番感叹：

孤亭照水，抔土埋香，……西湖上有许多赫赫大名人物的椠主坟墓，被人一占再占，一迁再迁，忽而发还，忽而充公。……不知凡几。中间还要经多少的诉讼争执，人情关说，不如这苏小小一个妓女的孤坟，至今存在。她也并没有什么后裔子孙，出头保管，可是阅尽兴亡，几经鼎革，竟推翻它不了，可想一个人的传与不传，起后人的爱惜与否，原不必靠着政治上的权威，靠着政治威权所占下的势力，难免要有失败的时候，所以大官之墓，不及妓女之坟！

苏小小墓在"文革"前已被铲除，现今只留下一座"慕才亭"，尽管在我的心目中，它并不亚于"翠微亭"、"风雨亭"、"放鹤亭"，但总希望再立香冢，因为这是爱的象征、美的化身。正如现代作家黎烈文在《湖上》一文中，借法国诗人拉马丁喊出的那样：

那呻吟的风，叹息的芦苇哟，

你那熏香了的天空里的微芳哟，
所有听到，看到，嗅到的东西哟，
一齐说罢："他们曾经相爱!"

白 居 易

白居易主政杭州之前，西湖最早叫"武林水"，后又被称作钱唐湖、金牛湖、明圣湖。直到白居易写了《西湖晚归回望孤山寺赠诸客》(诗见《孤山》一文)，才第一次提到"西湖"这个称呼。此时，州城已移至钱塘门内，湖的位置处于城西，"西湖"变得名副其实，很快便被人们认可了。白居易可谓"西湖"这一名称专利的拥有者。

"惟留一湖水，与汝救凶年。"(《别州民》)这不是徒托空言，而是给杭人留下实实在在的福利。他修筑湖堤，蓄积湖水，引湖水灌田，做到湖、河、田畅通无阻，并有《钱唐湖石记》，详写施工过程。除了蓄湖水灌田千顷外，还把唐代名相李泌在任杭州刺史时，淘过的六口大井，重新浚治，方便了居住在冲积平原盐卤之地、饮用苦水的杭民。

在白居易笔下，西湖远不止是一个排灌之湖，更是人间仙境。他不仅是"西湖"名称的发明者，而且可说是西湖美景的主要发现者，第一个写下大量诗词，集中向世人展示西湖不可抗拒的魅力。《游览志余》载：

白乐天之守杭州也，放浪湖山，耽昵声妓，新词艳曲，布浃郡中。其《湖上春行》诗："孤山寺北贾亭西，水面初平云脚低。几处早莺争暖谷，谁家新燕啄春泥？乱花渐欲迷人眼，浅草犹能没马蹄。最爱湖东行不足，绿杨阴里白沙堤。"《春题湖上》诗："湖上春来似画图，乱峰围绕水平铺。松排山面千重翠，月照波心一粒珠。碧毯绿头抽早麦，青罗裙带展新蒲。未能抛得杭州去，一半勾留是此湖。"《余杭形胜》诗："余杭形胜四方无，州傍青山县枕湖。绕郭荷花三十里，拂城松树一千株。梦儿亭古传名谢，教妓楼新道姓苏。独有使君年太老，风流不称白髭须。"《湖上招客送春泛舟》诗："欲送残春招酒伴，客中谁最有风情？两瓶箸下新求得，一曲霓裳初教成。排比管弦行翠袖，指麾船舫点红旌。慢牵好向湖心去，恰似菱花镜里行。"……留别西湖诗："征途行色惨风烟，祖帐离声咽管弦。翠黛不须留五马，皇恩只许住三年。绿藤阴下铺歌席，红藕花中泊妓船。处处回头尽堪恋，就中难别是湖边。"《杭州回舫》诗："自别钱唐山水后，不多饮酒懒吟诗。欲将此意凭回棹，与报西湖风月

白堤

知。"……《答客问杭州》诗:"为我踟蹰停酒盏,与君约略说杭州。山名天竺堆青黛,湖号钱唐泻绿油。大屋檐多装雁齿,小航船亦画龙头。所嗟水路无三百,官系何因得再游。"

所引第一首,诗题现为《钱唐湖春行》。"贾亭"当在孤山附近。《唐语林》:"贞元中,贾全为杭州,于西湖造亭,为贾公亭。未五六十年,废。"三句通行本为"几处早莺争暖树"。六句为"浅草才能没马蹄"。

所引第二首,四句为"月照波心一颗珠"。五句为"碧毯线头抽早稻",言早稻初生,如绿毯的丝绒线头。

所引第三首五句,《游览志》记:灵隐山畔,有梦谢亭,即晋代禅师杜明梦谢灵运之所。谢灵运之父怕儿子长不好,就想将他寄养在杜明处,杜明禅师夜梦东南有贤人相访,次日,灵运果至,于是建"梦谢亭"以作纪念。故谢灵运也小名"客儿"。"教妓"指苏小小。另末句为"风光不称白髭须"。

所引第四首三四句,《全唐诗》注:"时崔湖州(崔玄亮)寄新箬下酒菜来。乐妓按霓裳羽衣曲初毕。"需要说明的是:元和初,白居易任翰林学士,曾在昭阳宫陪宴,见过此舞,暗记乐谱于心，故能排练。他与名妓商玲珑等交往，曾在望海楼排演《霓裳羽衣舞曲》。本诗末句应为"恰似菱花镜上行"。

所引第五首，题为《西湖留别》。

所引第六首末句应为"报与西湖风月知"。

所引第七首，"雁齿"指雁行平列。第七句意为：苏州杭州之间有运河可通，不到三百里。时白居易正任苏州刺史。在他晚年于洛阳所写的《忆江南》词里，千年古城苏州是排在年轻的杭州后面的：

江南好，风景旧曾谙：日出江花红胜火，春来江水绿如蓝。能不忆江南？

江南忆，最忆是杭州：山寺月中寻桂子，郡亭枕上看潮头。何日更重游？

江南忆，其次忆吴宫：吴酒一杯春竹叶，吴娃双舞醉芙蓉。早晚复相逢！

本书《断桥残雪》里，曾引过白居易的《杭州春望》，末二句为："谁开湖寺西南路？草绿裙腰一道斜。"本文又提到"最爱湖东行不足，绿杨阴里白沙堤"。说明这条白堤，早在诗人到杭州之前便有了。据史籍记载，白居易所筑的白公堤，在钱塘门外，即今松木场至武林门一带，早已荒废。今人钟毓龙《说杭州》考：

白居易守杭，作堤，自钱塘门外石函桥，以抵今之武林门外。夹堤种柳，名曰柳林。此堤为隔绝江湖而筑。当时潮水犹有涌入西湖之患也。

虽然此堤难觅旧踪，但人们爱戴白居易，便把"白沙堤"改为"白公堤"了。又据张岱《西湖梦寻·玉莲亭》记：

白乐天守杭，政平讼简。贫民有犯法者，于西湖种树数株。富民有赎罪者，令于西湖开葑田数亩。历任多年，湖葑尽拓，树木成阴。乐天每于此地载妓看山，寻花问柳。居民设像祀之。亭临湖岸，多种青莲，以像公之洁白。

玉莲亭与白公堤一样，也已湮没。《游览志》提过："出钱塘门，濒湖为玉莲堂。"

张岱《陶庵梦忆·陈章侯》一文，提到玉莲亭在断桥附近。

但杭州又到处留下白公的形影。台湾诗人洛夫《白堤》诗云：

白居易是不是一个浪漫派
有待研究
而他的的确确在一夜之间
替西湖

画了一条叫人心跳的眉
且把鸟语，长长短短
挂满了四季的柳枝

潘阆与柳永

宋初潘阆(láng音郎)，曾写过十首《酒泉子》追忆杭州。他笔下的杭州是什么样子呢？

长忆西湖，尽日凭栏楼上望。三三两两钓鱼舟，岛屿正清秋。笛声依约芦花里，白鸟成行忽惊起。别来闲整钓鱼竿，思入水云寒。

这是组词之四。过片二句，笛声渺远，似有若无；白鸟(白鹭)惊飞，色彩明快，白描中透出空灵。"闲整钓鱼竿"不仅呼应上片之"钓鱼舟"，且有收拾鱼竿，急欲赴西湖垂钓的神态，末句表达了自己归隐湖上的念头。

长忆观潮，满郭人争江上望。来疑沧海尽成空，万面鼓声中。弄潮儿向潮头立，手把红旗旗不湿。别来几向梦中看，梦觉尚心寒。

江南水村

这是组词之十，也是最为传诵的一首。关于"观潮"，白居易只提过一句"郡亭枕上看潮头"，潘阆则大笔浓墨，绘声绘色，描写了钱塘观潮的全过程：涌潮景象的壮丽、观潮场面的盛大、弄潮技巧的高超……

"弄潮"一词，原见唐人《元和郡县志》："浙江潮于每年八月十八日，数百里士女往观，舟人渔子溯涛触浪，谓之弄潮。"可见弄潮儿为钱塘一带特有的名称，即游泳健儿，非泛指篙人、水手。

潘阆此词末二句，则从时间漫长的角度，来写观潮之后给人留下的心惊胆战、难以磨灭的印象。

半个世纪以后，杭州在柳永《望海潮》词中，早已不复是野趣盎然的自然景观。《游览志余》引曰：

东南形胜，三吴都会，钱塘自古繁华。烟柳画桥，风帘翠幕，参差十万人家。云树绕堤沙，怒涛卷霜雪，天堑无涯。市列珠玑，户盈罗绮，竞豪奢。

重湖叠巘清佳，有三秋桂子，十里荷花。羌管弄晴，菱歌泛夜，嬉嬉钓叟莲娃。千骑拥高牙，乘醉听箫鼓，吟赏烟霞。异日图将好景，归去凤池夸。

《望海潮》词调，前不经见，似为柳永独创，是献给两浙转运使孙何的。"三吴"、吴兴、吴郡、会稽合称三吴，包括今苏州、吴兴、杭州、绍兴一带。"参差(cēn cī)"：形容房屋多种多样，高低不

钱塘江图

一。"天堑":天然的濠沟,原指长江,这里代指钱塘江。"珠玑":珍珠;不圆的叫玑。"重湖":两个湖,指西湖的里外湖。"叠巘(yiàn音献)":重叠错出的山峰。"羌管":羌笛。羌为古代西北少数民族。"高牙":军中大旗,这里代指大官(孙何)出行的仪仗。"凤池"即凤凰池,当时中书省(宰相办公机关)所在地。

南宋灌圃耐得翁《都城纪胜》又记:

柳永咏钱塘词云:"参差十万人家",此元丰以前语也。今中兴行都已百余年,其户口蕃息,何止百万余家。

"元丰"(1078—1085):北宋神宗年号。"中兴行都":赵构建立南宋政权,以临安(今杭州)为行在,号"中兴"宋室。行在,皇帝出行所在之地。南宋称临安为行都,表示不忘旧都汴京而以临安为行都之意。

这"何止百万余家"的升平,皆因躲过一劫。据南宋罗大经《鹤林玉露》载:柳永的《望海潮》传至全国,金主完颜亮"欣然有慕于'三秋桂子,十里荷花',遂起投鞭渡江之志"。

史称海陵王完颜亮"勇于诛杀","好读书"、擅诗文,有咏扇诗"大柄若在手,清风满天下",并在翰林侍读学士施宜生出使南宋带回的《临安图》(一说派画工潜入临安绘成)上题诗:

万里车书盍会同,江南岂有别疆封?

提兵百万西湖上,立马吴山第一峰。

金兵南下,势如破竹。虞允文前往芜湖慰军,见宋军主帅已离,新帅未至,人心慌乱,毅然担起指挥重任。有人劝他:"公受命犒师,未受命督战,万一兵败,公将受其咎!"虞回答:"危及社稷,吾将安避!"他重赏敢死队,潜水将北岸金船全部烧毁,粉碎了海陵王在采石矶渡江的企图。海陵王准备移师扬州,从那里渡江。此时完颜雍在辽阳发动政变,自立为帝,是为金世宗。军心浮动,海陵王暴急嗜杀,激起兵变,为手下将士所杀。金兵北撤。采石矶成了海陵王的"滑铁卢"。

罗大经因此议论道:

近时谢处厚诗云:"谁把杭子曲子讴?荷花十里桂三秋。那知卉木无情物,牵动长江万里愁!"余谓此词虽牵动长江之愁,然卒为金主送死之媒,未足恨也。至于荷艳桂香,妆点湖山之清丽,使士大夫流连于歌舞嬉游之乐,遂忘中原,是则深可恨也。

因和其诗云："杀胡快剑是清讴，牛渚依然一片秋。却恨荷花留玉辇，竟忘烟柳汴宫愁。"

谢处厚把金主完颜亮的入侵，归咎于柳永《望海潮》这支"杭州曲子"的流播，而罗大经认为，完颜亮南侵，《望海潮》成了他送死的媒介，所以说此词是"杀胡快剑"。但这首词又使南宋君臣留连忘返于杭州的荷花丛中，一味耽乐，忘记了中原大片国土沦于敌手。所谓"烟柳汴宫愁"，即是北宋都城汴京(今开封)沦陷的悲愁。这些议论(包括诗)，不免带有书生意气，但也可看出柳永词的艺术魅力与深远影响。

赵　　构

潮鸣寺，在庆春门北，旧在门外。梁贞明元年(915)建，初名归德院。高宗南渡，驻跸寺中，闻江涛声，以为金兵追至也，骇之，已而问知其故，遂赐今名。

宋高宗从建康逃到杭州后，先在人迹罕至的城东归德院避居。当夜三更，他被一阵隆隆之声惊醒，以为金兵铁骑追来，吓得魂不附体。他一面准备再逃，一面派人打听，才知"隆隆"声是钱塘江潮水的轰鸣。第二天，为了掩饰昨晚的一场虚惊，赵构故作镇静，舞弄笔墨，写了"潮鸣"二字，赐给归德院。今建国北路南端有"潮鸣寺巷"。

无独有偶。据叶绍翁《四朝闻见录》载，刚到杭州，赵构下令将位于凤凰山麓的"州治"改为行宫，进行扩建。

山中林木蓊如，鸦以千万，朝则相呼鼓翼以出，啄粟于近郊诸仓，昏则整阵而入，噪鸣聒天。高宗故在汴邸，汴无山，故未尝闻之，至则大骇，又似敌人之逼，圣思遂不悦，命内臣张去为领修内司诸儿，聚弹射而驱之临平赤岸间，盖去阙十有五六里。未几，鸦复如初，弹者技穷，宫中亦习以为常。

"蓊如"：茂盛的样子。"汴邸"：汴京的府第。"修内司诸儿"：修内司的兵士。修内司为官内官署之一，负责庶务供应事宜。汴京陷落时，本来奉旨出使金国的徽宗第九子康王赵构，路过河北，为宗泽等抗金将领留住。宗泽等人得知"二帝北狩"，就拥戴赵构登基于应天府(今河南商丘。当时称"南京")，改年号为"建炎"，历史从此翻到了南宋。

赵构过去在金营当过人质，曾目睹女真贵族的野蛮残忍，患有严重的"恐金症"。加之当时客观上也存在敌强我弱的形势，南宋政权在"南京"立足才五个月，便弃城逡巡到扬州。这座"淮左名都"的十里春风，把赵构吹得昏然而醉，决定在此落脚。然而，建炎三年(1129)二月，金国又兵分两路向南推进。赵构仓卒渡江。《宋史纪事本末》载，赵构当时匆忙中找到一只小船，连两个正在"会食"(聚餐)的宰相也追赶不上。

二月壬戌(十三日)，南宋君臣抵达杭州。据《游览志余》载："太祖次陈桥驿，从仁和门入。高宗由海道过杭，闻县名仁和，甚喜，曰：'此京师门名也。'驻跸之意始此。"当时宋太祖赵匡胤发动陈桥兵变，是从开封仁和门进城的，赵构认为杭州县名"仁和"，是个吉兆，才定下杭州为"驻跸"之地。但"吉兆"一时并未应验，这年年底，当家家户户正在准备欢度春节之际，女真骑兵又攻陷杭州、越州(今绍兴)、明州(今宁波)、定海(今镇海)。高宗闻风而逃，将小朝廷装进几只"楼船"，漂泊在温、台沿海。金将完颜宗弼(兀术)下海追了三百里，遇上台风暴雨，才引兵而退。赵构结束"舟居"生活，回到越州；公元1131年

改年号为"绍兴"，升越州为绍兴府，作为"行在"。绍兴八年(1138)，终于"移跸"迁都至杭州(当时名"临安府")，直至蒙古灭宋，一百四十年间再未搬迁。

《游览志余》记载了几则轶事：

高宗好养鹁鸽，躬自飞放，有士人题诗云："鹁鸽飞腾绕帝都，暮收朝放费工夫。何如养个南来雁，沙漠能传二帝书。"

绍兴、淳熙之间，颇称康裕，君相纵逸，耽乐湖山，无复新亭之泪。士人林升者，题一绝于旅邸云："山外青山楼外楼，西湖歌舞几时休？暖风薰得游人醉，便把杭州作汴州。"又(西)湖南有白塔桥，印卖朝京路经(地图)，士庶往临安者，必买以披阅。有人题一绝云："白塔桥边卖地经，长亭短驿甚分明。如何只说临安路，不数中原有几程？"观此，则宋时偏安之计，亦可哀矣。是以论者以西湖为尤物，比之西施之破吴也。

"新亭之泪"典出《世说新语·言语》。西晋末，中原战乱，晋室渡江流亡东南。"新亭"在今南京。"过江诸人，每至美日，辄相邀新亭，藉卉(枕草)饮宴。周侯(周顗)中坐而叹曰：'风景不

殊，正自有山河之异!' 皆相视流泪。惟王丞相(王导)愀然变色曰:'当共戮力王室，克复神州，何至作楚囚相对?'"

东晋人士，尚有新亭之泪。南宋则"无复新亭之泪"，而宰相秦桧又是一名通金主和派，比王导差矣!"无复新亭之泪"可能出于南宋文及翁《贺新凉·西湖》:"回首洛阳花石尽，烟渺黍离之地，更不复，新亭堕泪。"田汝成"南宋偏安之计，亦可哀矣"，也令人想起唐人吴融的诗:"莫道新亭人对泣，异乡殊代也沾衣。"

又据《临安志》:白塔岭在龙山(玉皇山)之东。《梦粱录》云:有石塔存焉。《钱唐县志》:岭下为进龙浦，有进龙桥，一名白塔桥。此处"白塔"，并非元僧杨琏真伽在凤凰山麓所建的白塔(镇南塔)，而是在钱塘江岸边，建于北宋初期。梁思成先生曾对此塔进行过考察，认为它"与其称之为一座建筑物，不如称之为一座雕刻品，或是一件模型"。

岳 王 坟

王名飞，字鹏举，相州汤阴人。少负气节，沉毅寡言，有神力，未冠，挽弓三百斤，弩八石。宋高宗时，以战伐功，历官都统。屡陈恢复大计，高

宗虑钦宗之返而攘己也，阳奖而阴惎之。丞相秦桧，揣知帝旨，遂力主和议。会兀术寇拱、亳，诏飞往援，金人大败，追及朱仙镇。中原响应。谓其部下曰:"直捣黄龙，与诸君痛饮耳!"方指日渡河，而桧欲割淮以北弃之，乃诏张俊、杨沂中先归。言飞孤军不可久留，以金牌十二召之班师。飞愤惋泣，东向拜曰:"十年之力，坏于一旦矣。"明年，兀术寇淮西，张俊畏敌，不敢进，诏飞往援，兀术遁。俊忌之，飞遂力请解兵柄。会兀术遗桧书，言飞不死，和议终不成。桧乃讽台臣何铸、罗汝楫等，交章论飞，言金人攻淮西，飞至舒、蕲而不进，与张俊按兵淮上。又欲弃山阳而不守。张俊又劫王俊，诬飞令张宪、岳云通书协谋，冀以兵柄还飞。桧遣使捕飞父子下狱，令谏议大夫万俟卨鞫成之。会岁暮，狱无佐证。桧一日独居书室，食柑玩皮，若有思者。其妻王氏窥，笑曰:"老汉一何无决!擒虎易，纵虎难也。"桧犁然当心，致片纸狱中，即日报飞死矣。盖摺杀之，年三十九。云、宪皆弃市。

狱卒隗顺，负飞尸逾城，至九曲丛祠，潜瘗之，以玉环殉，树双橘识焉。绍兴末，金人益猖獗，太学生程宏图讼飞冤。诏还飞宗属徙边者。孝宗时，诏复飞官，谥武穆，改葬栖霞岭。云祔其旁。废智果院为祠，赐额曰褒忠

衍福寺。墓上之木皆南向，盖英灵之感也。嘉定四年，封鄂王。宋亡，寺废。王之六世孙在江州者，名士迪，与宜兴岳氏通谱，合力起之。未几，复废。至元间，天台僧可观者，诉于官，郑明德为作疏语云……疏成，杭州经历李全，慨然重兴之。庙塑王像，以其子云、雷、震、霖、霆祔焉。后作燕寝，像王父母及王夫人，与王之女号银瓶娘子者。寻毁。云，飞养子也，每立奇功，飞辄隐之。能握铁椎重八十斤；死年二十三。霖子岳珂，嘉定间，作《吁天辩诬录》、《天定录》、《桯史》、《金陀粹编》，飞事愈白。……皇明初，敕建其祠，有司春秋致祭。弘治间，参政周木，得其裔孙于衢州，召令世守之。太监麦秀，重建殿寝，云所用铁枪犹存。正德八年，都指挥李隆铸铜为秦桧、王氏、万俟卨三像，反接，跪露台。十二年，太监王堂，塑王父、母、妻、子、女诸像，匾曰"一门忠孝"。古今吊其墓者，诗已成集。

[岳王单名飞，表字鹏举，相州汤阴（今河南汤阴）人。从小就有志气，沉着刚毅，不多说话。膂力超人，还没有成年，就拉得动三百斤的强弓、八石（dàn音担，十斗为一石）的弓弩。南宋高宗年间，凭指挥作战立下功劳，官职做到了都统。他多次上奏，提出收复失地的重要主张。因为高宗顾虑钦宗返国会抢掉自己的皇位，表面上夸奖，暗地里却怨恨他。宰相秦桧揣摸到高宗的心思，就竭力主张和议。正碰上金国兀术进犯拱沟、商丘一带，朝廷命令岳飞去救援。金兵打了大败仗，岳飞追到朱仙镇（在今河南开封西）。中原地区的义军纷纷响应。岳飞对部下说："咱们一直打到黄龙城（今吉林省农安县一带），再跟大家痛饮吧。"眼看岳飞的军队就要北渡黄河，可秦桧却要把淮河以北的疆土割让给金人，就传旨要张俊、杨沂中先行退兵。又说岳飞一支孤军不可久留，一连发十二道金牌，催他班师回朝。岳飞又气愤又惋惜，淌下眼泪东向而拜："十年积聚的努力，一个早上全都给毁坏了！"第二年，兀术进犯庐州，张俊惧怕敌人，不敢近战。朝廷命令岳飞驰援，兀术给吓得逃走了。张俊妒忌岳飞，岳飞就力请解除自己的兵权。兀术写信给秦桧，说岳飞不死，和议便谈不成功。秦桧就唆使御史何铸、罗汝楫等人纷纷上奏，攻击岳飞，胡说金兵进攻庐州，岳飞到了舒城、蕲春一带不再前进，跟张俊一齐在淮河边按兵不动。又胡说岳飞想要放弃山阳退兵。张俊又勒逼收买岳飞部属王俊，栽害岳飞，说岳飞指使张宪、岳云通信密谋，希图让他把兵权还给岳飞。秦桧以此为由，派遣专

人捉拿了岳飞父子下狱，吩咐谏议大夫万俟卨（mò qí xiè 音莫其屑）审理，问成死罪。但到年底，案件仍然找不到证据。一天，秦桧一个人在书房里，吃着柑橘，玩着果皮，像是在想什么。他的妻子王氏看出他的心事，冷笑说："老汉怎么这样没有决断！捉老虎容易，放掉老虎可不得了呀。"秦桧一听，正中心怀，写了个条子送到监狱里去，当天就传出消息，说岳飞死了。原来是把他肋骨敲断给害死的，终年三十九岁。岳云和张宪都被

岳飞像

斩首示众。

监狱里的看守隗（kuí 音葵）顺把岳飞的尸体背出城外，到了偏僻隐蔽的破庙里，偷偷地埋葬起来，用了一只玉环陪葬，栽上两棵橘树作为标志。绍兴末年（1162），金兵攻势更为猖狂，太学生程宏图为岳飞申诉冤枉。朝廷命令把岳飞发配在边疆的家属迁回来。孝宗即位后，下诏恢复岳飞的官职，定了谥号为武穆，改葬在栖霞岭。岳云附葬于墓旁。把智果寺改作岳王祠，御赐匾额为"褒忠衍福寺"。墓上的树木都向南生长，这是岳飞英灵的感应吧。嘉定四年（1211），追封岳飞为鄂王。宋朝灭亡，褒忠衍福寺也荒废了。岳飞的第六代孙，住在九江的士迪，跟岳家宜兴的一支联合起来，集中力量把这座祠堂修复。没有多久又荒废了。至元年间（1264—1294），天台山可观和尚向官府呈请恢复祠堂，郑明德帮他写了倡议。……杭州经历李全很讲义气地出力重新修建。庙里塑造了岳王的遗像，把他的儿子岳云、岳雷、岳震、岳霖、岳霆都附祭在庙里，庙后面起造了寝宫，给岳王的父亲母亲和夫人以及他的女儿银瓶娘子都塑起遗像。不久，庙又遭到火灾。岳云是岳王当年领养的儿子，常立下战功，岳王总不让上报。岳云能够拿起重量八十斤的铁椎。遇害那

年才二十三岁。岳霖的儿子岳珂，在嘉定年间（1208—1224）写成《吁天辩诬录》《天定录》《桯史》《金陀粹编》，岳王的冤案更加昭雪明白。明朝初年，洪武皇帝下诏书建岳王祠，规定主管官员春秋两季举行祭典。弘治年间（1488—1505），参政周木从衢州访求到岳王的后代，叫他世世代代看守坟墓。太监麦秀重新修建了祠堂和寝宫。当时，岳云用过的铁枪还保存着。正德八年（1513），都指挥李隆铸造了秦桧、王氏、万俟卨三座铜像，手臂反绑，跪在露天的台阶下。正德十二年（1517），太监王堂塑造了岳王父母亲、夫人、儿子、女儿的遗像，挂上一块匾额，写着"一门忠孝"。古往今来凭吊岳王坟、岳王祠的人写下的诗篇，已经可以编成集子，……]

《游览志》在《张宪墓》一节又载："张俊乃自为状（自写状纸），付奸人王俊，妄言（张）宪与岳飞通书，谋还（岳）飞兵权。"

张岱《西湖梦寻·岳王坟》补记：

墓前之有秦桧、王氏、万俟卨三像，始于正德八年，指挥李隆以铜铸之，旋为游人挞碎。后增张俊一像。四人反接，跪于丹墀。自万历二十六

岳王坟（20世纪30年代）

年，按察司副使范涞易之以铁，游人椎击益狠，四首齐落，而下体为乱石所掷，止露肩背。旁墓为银瓶小姐。王被害，其女抱银瓶坠井中死。杨铁崖乐府曰："岳家父，国之城。秦家奴，城之倾。皇天不灵，杀我父与兄。嗟我银瓶，为我父缇萦，生不赎父死，不如无生。千尺井，一尺瓶，瓶中之水精卫鸣。"墓前有分尸桧。天顺八年，杭州同知马伟，锯而植之，首尾分处，以示磔桧状。隆庆五年，大雷击折之。朱太史之俊曰："一秦桧耳，铁首木心，俱不能保至此。"……牛皋墓在栖霞岭上。皋字伯远，汝州人，

岳鄂王部将，素立战功。秦桧惧其怨己，一日大会众军士，置毒害之。皋将死，叹曰："吾年近六十，官至侍从郎，一死何恨，但恨和议一成，国家日削，大丈夫不能以马革裹尸报君父，是为叹耳!"

"反接"：把双手缚在背后。"丹墀(chí 音迟)"：红色的台阶。"按察司"：主管一省司法的机构。"银瓶小姐"：年十三，欲上书讼父冤而不得，乃抱父所赐之银瓶，坠井而死。今杭州仍有"银瓶井"。"杨铁崖"即元代诗人杨维桢。"缇(tí 音啼)萦"：汉文帝时的孝女。

岳庙

她的父亲淳于意犯罪，萦上书愿入身为官婢，代父亲受罚。父罪得免，文帝并因而废除肉刑。"磔(zhé 音折)"：分尸，古代罪大恶极者用此刑。

正如田汝成所言"古今吊其墓者，诗已成集"，历来为岳飞鸣冤的诗词甚多，有名的可算是明代文徵明的《满江红》，矛头直指宋高宗赵构："……但徽钦既返，此身何属？千载休谈南渡错，当时自怕中原复。笑区区一桧亦何能，逢其欲。"末二句为：我笑这小小的一个秦桧有什么能耐，只不过是迎合了赵构的私心罢了。这真是一针见血的诛心之论！稍晚的田汝成，虽然也提到"高宗虑钦宗之返而攘己也，阳奖而阴憾之"，但对后来岳飞之死，似乎不担什么干系，只字未提。关于岳坟的两副佳联，也没有突破这个忌讳。《西湖古今佳话》记翰林院修撰秦涧泉游西湖，至岳王墓，友人戏指他为秦桧后裔，纠缠他撰联，他提笔写道："人从宋后少名桧；我到坟前愧姓秦。"另清人梁章钜所著《楹联丛话》载松江徐氏女一联："青山有幸埋忠骨；白铁无辜铸佞臣。"

今人王曾瑜先生在《荒淫无道宋高宗》一书中，才完全透出真相。最初负责审讯岳飞的，是御史中丞何铸（即田汝成所记"交相论飞"者）。何虽为秦桧心腹，但听了岳飞的辩白，也

看了岳飞解开衣服，露出背上深嵌肌肤的四个大字"尽忠报国"后，天良发现，便去找秦桧，力辩岳飞无罪。秦桧亮出底牌："此上意也！"正是在赵构的批准下，万俟卨取代何铸为主审官，施尽酷刑。岳飞宁死不屈，拒绝自诬，高宗随即下旨："岳飞特赐死！"

今人林平在《谒岳庙》诗中，语带深愧微责："英雄自古谁无死，错把丹心许独夫！"

诗人公刘1981年写就《三祭岳坟》，结尾说：

我希望有生之年还能第五次、第六次去杭州，更希望能亲眼看到那儿跪着的铁人不仅仅是三男一女，还能添上那不向人民认罪却向敌人屈膝但又神圣不可侵犯的偶像——宋高宗。当然，这也许永远是一种幻想，因为我也清楚，在中国，最大的势力是习惯——即我们大家习惯了几千年的习惯。

公刘先生等过了二十世纪，但没有等到这一天。

施 公 祠

施公祠，在石龟巷口。其神曰施全，宋殿司小校也。绍兴二十年二

月,全愤秦桧奸邪误国,俟其入朝,怀刀刺之,不克,被执。桧骂曰:"汝病心耶?"全曰:"丞相病心耳,通虏欺君,戕剥忠义,非病心何以有此?"桧大怒,命磔(分尸)于市。郡人且哀且愤,诟曰:"此不了事汉也。"相与立祠祀之。

"石龟巷"又叫十五魁巷,离望仙桥不远,庙今已不存。张岱后来在《西湖梦寻·施公庙》里,也记道:施全于绍兴二十年(1150)二月初一,趁秦桧上早朝,挟带长刀刺秦,可惜只刺穿了皮轿围,没有刺中老贼。老贼丧魂失魄,就在街心把施全斩首。围观的人挤成一堵人墙。在观众中有人大声说:"这个办不成事的汉子,不杀掉干什么呢?"这句话说得痛快。

比起岳王坟,施公祠很少被人提及。陆游在《老学庵笔记》里,记叙过施全,但只是作为一则轶事:"初,斩全于市,观者甚众。中有一人朗言曰:'此不了事汉,不斩何为?'"

田汝成与张岱比陆游更庄重一些,把施全这位南宋殿前司的小军官尊称为"施公",张岱并在文后说:"其心其事,原不为岳鄂王起见",而是出于天下之公心。

但对看客的那句"此不了汉,不斩何为",我始终不明白张岱为什么要下"此语甚快"的评语。

今人孙家遂先生是这样解释的:"秦桧常对主战派言:'诸公皆分大名以去,某但欲了天下事耳。'并筑'了堂'以诗为记。(见《东瓯金石志》)故此人之'不了汉'实指

施公祠

秦桧,故爱国人民闻之大快。然'了'亦有'晓'义,'不了汉'亦可解作'不晓事的汉子'。秦桧及其党取此义,以为斥施全,故对此人未予追究。"(见《西湖梦寻》,浙江文艺出版社,1984年版,第316页)

但我总觉得孙先生把问题复杂化了。因为同一页上,就附有张岱的《施公庙》诗:"施殿司,不了汉。刺虎不伤蛇不断,受其反啮齿利剑。……"

如果说张岱的"此语甚快"还包含着对施全"恨铁不成钢"的惋惜心理,那位看客的话却让人感到一股彻

民国顾一樵著《荆轲》戏剧书影

骨的悲凉。蘸尝"人血馒头"的看客,何其子孙绵绵!

据《宋史·秦桧传》:"绍兴二十年正月,桧趋朝,殿司小校施全刺桧不中,磔于市。自是每出,列兵五十持长梃以自卫。"

又据《建炎以来系年要录》,施全被捕后慷慨激昂,对亲自审问他的秦桧说:"举国与金为仇,尔独欲事金,我所以欲杀尔也。"最后被磔刑(剐刑)处死。从此秦桧惊恐万状,外出列兵五十,又命"察事卒(特务)数百游市间,闻言其奸者,即捕送大理寺狱杀之"。

在中国历史上,施全刺秦与荆轲刺秦一样,都是"千载有余情"的。

在宋代历史上,施全的血,比风波亭上的血,似乎更清醒、更鲜烈。朱熹曾言:"举世无忠义气,忽自施全身上发出来。"清代袁枚在《施小校》诗中也说:"雄心似出将军上,不斩金人斩太师。"

作为后人,我亲眼看见了历史的审判。就在岳王坟,铁人长跪,领受千秋唾沫的飞雨。只可惜少了赵构!这审判便有了缺憾。

当然,我也同意文载道(金性尧)在《西湖旧屐录》中的一段感慨:

我们对于一切乱臣贼子,尽管讨

伐也好，唾骂也好，讽刺也好，不过铸了铁像，而又在青天白日之下，让游客任意的去撒上一泡尿，或在王氏的乳房上趁便摸上一把，却是一种最下流最轻薄的无赖的行径，而且还是公然地在岳坟前。我们究竟是在向岳飞表示尊敬呢，还是表示侮渎？"怨毒之于人深矣哉"，不错，小民们自有其爱憎与好恶。但是爱憎要分明，而好恶更需要有严肃的精神作基础。否则，如仅以撒尿摸乳来替代泄愤切齿，则不过是自我陶醉与"精神胜利"在发扬亨格代阿Q的衣钵罢了。乡间小儿吵架，如一方无力而被屈服时，必偷偷的在墙上把对方写作小乌龟字样，或暗地咒骂仇家父祖的名字以逞一快，这是成人们往往要感到可笑，甚至讥为之蠢与屌头；奈何代表民族的毅魄忠魂而又誉之为东南名胜如岳王坟者，却有这种丑恶秽俗的现象存乎其间？

文中所提到的这些人，正是当年说"此不了事汉，不斩何为"的看客的精神后裔！他们是不会动手去建岳王坟或施公庙的，而只会在雷峰塔倒塌时，去抢金子(把"藏经"听成"藏金")，结果糟蹋了许多比金子还贵重的经卷和塔砖……

近读林之女士《老街漫步·杭州》，他说如今杭州的庆春路中部有一条岳王路，"岳王路稍往东就到了众安桥，现在新修复的桥上有设计精巧的庆余亭，旧时桥上与岳飞有关的著名小庙，叫'施将军庙'"。施全牺牲后，"据说后来城里各处曾建起了七十二座施全庙，以众安桥上这座最出名，清乾隆年间还重建过。施全本是一小卒，百姓们却不管，就叫它'施将军庙'"。

这多少给了我一些信心，进而提议：雷峰塔已经重建，施公庙，或说"施将军庙"，是不是也该提到日程上了？

赵 孟 坚

关于西泠桥、苏小小，张岱的描写只是一般。但对不太知名的赵孟坚(字子固)，却激赏不已：

昔赵王孙孟坚子固，常客武林，值菖蒲节，周公谨(即周密，字公谨)同好事者邀子固游西湖。酒酣，子固脱帽，以酒晞发，箕踞歌《离骚》，旁若无人；薄暮入西泠桥，掠孤山，舣(停)舟茂树间，指林麓最幽处，瞪目叫道："此真洪谷子、董北苑得意笔也。"邻舟数十，皆惊骇绝叹，以为真"谪仙人"。得山水之趣者，东坡之后，复见此人。

赵孟坚为宋宗室，故称其"王孙"。"洪谷子"指荆浩，五代后梁山水画家，隐居太行山洪谷，号洪谷子。"董北苑"指董源，五代南唐山水画家，因在中主时任北苑副使，人称董北苑。

由张岱笔下，我们只看见赵孟坚狂逸的一面，却不明宗子何以如此推崇。比起从弟赵孟頫，赵孟坚的画名为低。但正因为他与从弟的一段公案，令人肃然起敬。宋亡后，赵孟坚隐居秀州（今浙江嘉兴）。已经仕元

的赵孟頫从苕州（今浙江湖州）来访。孟坚闭门不纳。夫人劝之，始令从后门入。頫去，便令仆洗其坐具。赵孟頫为元代大画家，自有定论。但仕元一节，确为其一生污斑。后人曾讥他："数枝密叶数枝疏，露压烟啼秋雨余。宋室山河多少泪，略无半点上林于。"画家萧云从还专门作《闭门拒客图》，题款曰："今就子固画法为图。荣禄（指赵孟頫）笔意虽优，余无取焉。"

由此，宗子文中的"以酒晞发，箕踞歌《离骚》，旁若无人"与"东坡之后，复见此人"便可理解了。

赵孟頫《重江叠嶂图卷》

竹 枝 词

"消魂十里桃花水,中有竹枝三两声。"今人陈翠娜《西湖》诗这样咏道。

竹枝词原是流传于巴渝一带的民歌,由于白居易、刘禹锡等人的研习与改造,使诗坛风气为之一新。西湖竹枝词,则倡自元代诗人杨维桢。

杨维桢(1296—1370),字廉夫,元末弃官游历,后在依江襟湖的吴山铁冶岭定居,又仿林和靖,种梅数百株,自号"铁崖道人"。游太湖洞庭山时,觅得一支长一尺九寸的九孔铁笛,更自号"铁笛道人"。每逢月夜,或立吴山,或游西湖,笛声穿云裂石,萦回水天之间。《游览志余》言其"雅好声妓,名彻都下"。又记:"《西湖竹枝词》,杨铁崖倡之,和之者数百家,大率咏湖山之胜,人物之美,而情寓其中,比比一律。"说"比比一律",未免武断矣。

杨维桢作九首《西湖竹枝词》,如:

劝郎莫上南高峰,劝侬莫上北高峰。

南高峰云北高雨,云雨相催愁杀侬。

石新妇下水连空,飞来峰前山万重。

不辞妾作望夫石,望郎或似飞来峰。

"石新妇"即新妇石。《游览志》:灵隐寺西有石人岭,下有洞府,名玉女岩,一名新妇石。因此石突出在水边,又名新妇矶。

一时应者云集,流风所及,直至清代。清人黄久烟便有"竞向西湖咏竹枝"之句。且多有出蓝之胜,现精选十余首。

不花帖木儿(蒙古族)云:

湖上春归人未归,桃红柳绿黄莺飞。

桃花落时多结子,杨花落处只沾衣。

桃花结子,杨花沾衣,喻女子对爱情的不同态度,构思新巧。

宇文公谅则写了男子对爱情的不同态度:

湖上交秋风露凉,湖中莲藕试新尝。

莲心恰似妾心苦,郎思争似莲丝长?

章善化用李益的《江南曲》，直白可喜：

江晚白苹花正开，郎船不用待潮来。

行人只解随潮去，不解随潮去即回。

陈樵反用历代望夫石诗意，令人过目难忘：

望夫石上望夫时，杜宇朝朝劝妾归。

未必望夫身化石，且向征夫屋上啼。

華三川唐人詩意圖

竹枝詞　劉禹錫

楊柳青青江水平　聞郎江上唱歌聲

東邊日出西邊雨　道是無情卻有情

竹枝词（刘禹锡）

三四句说:杜鹃啊,你不必担心我会化成望夫石,还是到我那远方的夫君屋上去催他归来吧。

李庸的词,意旧言新:

六桥桥下水流东,桥外荷花弄晚风。

郎心似水不肯定,妾颜如花空自红。

陈聚写出一种情趣,将风拟人化了:

茜红裙子柳黄衣,花间采莲人不知。

唱歌荡桨过湖去,荷叶荷花风乱吹。

顾晋的词,令人想起台湾诗人郑愁予的名诗《错误》的尾句:"我达达的马蹄是美丽的错误/我不是归人,是个过客……"

郎子别时秋月明,说道归时春水生。

晓起门前听过马,马嘶都是别人行。

钱大有反映了女子的自重自爱自在:

淡黄裙子缕金衫,长髻垂肩短凤簪。

不愿燕京嫁官去,花枝草蔓自江南。

也有表现民族大义的,如于立:

侬家住在涌金门,青见高峰白见云。

岭上已无丞相宅,湖边犹有岳王坟。

"丞相宅"指南宋权相贾似道的宅第。

以上皆为元代西湖竹枝词,再摘录明清的:

荷叶田田柳叶垂,千船万船多女儿。

与郎暗约花间去,不唱竹枝知是谁?

——明·陈荐夫

似郎年少妾殷勤,山色水光死不分。

外湖水是里湖水,南峰云挽北峰云。

——明·邵泰宁

明人冯廷槐的一首,特别有味:

郎似莲花轻去乡，妾如兰草闭幽芳。

无藕池边难得藕，有霜时候不成霜。

三四句"藕"谐"偶"，"霜"谐"双"。

清人张振孙的词也深得民歌神髓：

莫道新欢如琴瑟，西湖水证白头吟。

蜜蜂飞入花深处，不要繁红只要心。

《白头吟》为乐府《楚调曲》名。古辞说男有二心，女未决绝，并表示"愿得一心人，白头不相离"，故以《白头吟》名篇。此词一二句说：不要过分相信现在一时的热情，还是让西湖水来证明你愿意与我白头到老的盟誓吧。三四句说：我不稀罕茂盛鲜艳的花瓣，而单要花心中的蜜。言外之意是：我不看重你的花言巧语，单看你的心是否真诚。

陶月山词云：

钱塘太守醉西湖，堤上花枝也姓苏。

郎是东风侬是草，将春吹绿到蘼芜。

"蘼芜"：草名，其叶蘼弱而繁芜。"钱塘太守"自是指苏东坡了。三四句说：情郎好似东风，东风一来，我这棵小草也就绿得有了生气。

秦保寅的词清俊如画：

西湖湖水映虚空，一幅鲛绡熨帖工。

纵有微风吹不乱，青山织在浪花中。

胡乾的词写得真绝：

长丝成匹竟难裁，传语渠侬莫见猜。

春日未能寻藕去，炎天哪能见莲来？

"渠侬"：吴地方言，即他。后二句"藕"谐"偶"，"莲"谐"怜"。明说春天不种藕，夏天哪来的莲；暗喻谁叫他当时不表白爱情，这会儿惋惜也就迟了。

洪升也有一首翻新出奇的词：

西湖风日春芳菲，桃花夹路莺乱啼。

他乡客到尚难别，不道狂夫翻不归。

三四句言：西湖美景，使外地的

客人都流连忘返,想不到我的丈夫反而不归。洪升(1645—1704),字昉思,号稗畦,又号南屏樵者,钱塘(今杭州)人。少年时读书于西湖南屏山僧舍。他的名著《长生殿》经十余年写成,三易其稿,一脱稿便轰动京城,处处演唱。后因佟皇后丧期未过百日,赵执信等招乐工演唱此剧而遭弹劾,洪升也被革去监生。时人有"可怜一曲《长生殿》,断送功名到白头"之语。

康熙三十三年(1694),洪升回到杭州,在孤山筑"稗畦草堂",优游湖山,心情却十分苦闷。其友金植在《巾箱说》中记:"往予杭州寄亭,去昉思咫尺,每当风动春朝,月明秋夜,未尝不彼此相过,偕步于东园。游鱼水曲,欲去还留,啼鸟花间,将行且伫。昉思辄向予诵'明朝未必春风在,更为梨花立少时'之句,……"

康熙四十三年(1704),洪升离杭游南京,归途中于吴兴不幸醉后落水而死,年仅六十。从某种意义上讲,洪升虽然命运不济,但《长生殿》却使他长生,使他不朽,正如上述那些竹枝词也同样不朽一样。

萨 都 剌

夏承焘《天风阁学词日记》1929年8月27日载:

阅《西湖志》,载萨天锡《西湖竹枝词》一绝云:"湖上美人调玉筝,小莺飞度绿窗棂。沈郎虽病多情在,倦倚屏山不厌听。"风韵乃尔。此等境界,俗士何能为役哉。

萨都剌,色目人,字天锡,号直斋,元代著名诗人。他虽生长燕地(雁门),擅写北方景色,但一到江南,既新奇又深情,所以才有上述绝句。"沈郎":南朝文人沈约,曾给人写信,说自己卧病而瘦,皮带常向里面移孔。

相传萨都剌寓居杭州时,"每风日晴美,辄肩一杖挂瓢笠,脚踏双不籍,走两山间。凡深岩邃壑人迹所不到者,无不穷其幽胜。至得意处,辄席草坐,徘徊终日不能去,兴至则发为诗歌"(徐象梅《两浙名贤录》)。

兹举几首"兴至则发为诗歌"者。《城南偶兴二首》云:

桃杏花开红映人,池塘水暖绿鄰鄰。
典衣沽酒入城去,报道江南二月春。

断桥芳草生合路,隔水杨花飞度城。

客里不知春早晚,年年杯酒过清明。

《西湖绝句》(其一)云:

涌金门外上湖船,狂客风流忆往年。

十八女儿摇艇子,隔船笑掷买花钱。

西湖上有一种卖花小艇,专傍画舫,叫卖献艺。此诗风韵,绝不亚于夏承焘所赏《西湖竹枝词》,且都作于作者晚年。

"涌金门外上湖船"的"上"字,并非动词。《游览志》中提到:

西湖,故明圣湖也,周绕三十里,三面环山,溪谷缕注,下有渊泉百道,潴而为湖。汉时,金牛见湖中,人言明圣之瑞,遂称明圣湖。以其介于钱唐也,又称钱唐湖。以其委输(灌注)于下湖也,又称上湖。以其负郭而西也,故称西湖云。

原来诗中的"上湖",即指西湖。作为早于田汝成的色目人萨都剌,对汉文化有如此深入的了解,实属可贵。今人钟毓龙《说杭州》释西湖:"唐白居易筑堤以捍江,亦以潴蓄湖水,而徐泄之于外。故以其北为下湖,而此称上湖。"

于 谦

岳飞于风波亭被害后,狱卒隗顺冒死背出他的尸体,偷葬在钱塘门外的九曲丛祠(今少年宫北),同时以岳飞常佩的玉环殉葬,上植双橘树为记,题曰"贾宜人墓"。隗顺弥留之际,嘱咐其子:"岳元帅精忠报国,后必有昭雪其冤者,我不及待,汝志之。"宋孝宗即位后,才诏复岳飞旧职,并将其骸骨从九曲丛祠这片堆满螺壳的荒地迁葬于栖霞岭下,即岳坟现址。秀丽柔媚的西湖,从此平凭了一股英风正气。隗顺父子功不可没。当然对于杭州,岳飞只是义子(飞系河南汤阴人)。三百多年后,杭州又收留了她的亲生儿子、一代英杰于谦。湖山更添雄风。

于谦生于钱塘,幼时便聪颖过人。一次随家人清明祭扫,路过一牌坊,上写"癸辛街"三字。其叔言:"此三字地名,倒有二字属干支,再要对一干支地名甚难。"于谦对以三国时魏延对诸葛亮所说的"子午谷"。家人都很惊奇。后来于谦入富阳山读书,于石灰窑前写下著名的《石灰吟》:

千锤万击出深山，烈火焚烧若等闲。

粉身碎骨全不怕，要留清白在人间。

这成了他一生的写照。

明永乐十九年(1421)，二十四岁的于谦得中进士。后曾巡按江西，平反冤狱，又巡抚河南、山西，多有建树。升迁左侍郎还京。《游览志余》载，"先是，河南官吏入朝，率捆载香帕、蘑菇，以供交际，谦行，一无所持，作诗云:

手帕蘑菇与线香，不资民用反

为殃。

清风两袖朝天去，免得闾阎话短长。"

"两袖清风"的成语便由此而来。

明正统十四年(1449)，蒙古瓦剌部落兵分四路，入侵大同。太监王振擅权用事，挟持英宗亲征，于谦等大臣谏之不听，结果英宗被围于河北怀来的土木堡，部将愤而击杀王振，但败局已定，五十万大军一朝覆没，英宗也成了俘虏。这便是震惊朝野的"土木之变"。

京师一片慌乱，翰林侍讲徐有贞借星象散布流言，主张迁都。于谦当

于谦墓

众怒斥。皇太后命诸大臣拥立英宗之弟朱祁钰为代宗。于谦临危受命,任兵部尚书,调各地勤王之师火速来京,人心始定。为防瓦剌利用英宗要挟,于谦果断提出:"社稷为重,君为轻。"

十月,瓦剌首领也先挟朱祁镇至紫荆关,直窥京师。总兵石亨主张退守城内,坚壁以待外援。于谦反对他这种畏敌示弱的态度,亲自披甲率兵,在德胜门外严阵以待。十三日晨,瓦剌部攻德胜门,遭明军伏击,损失一万骑兵,也先的弟弟索罗也被炮火击毙。说起

于谦像

炮火,还为于谦埋下一段祸机。代宗即位后,尊明英宗朱祁镇为太上皇。也先挟太上皇阵前喊话,要北京军民放弃抵抗,于谦在城头挺身而出,大声喊道:"赖宗庙社稷之灵,国有君矣。"他是打探到朱祁镇已被转移,才下令炮击的。

京师保卫战坚持了五天,也先生恐勤王兵至,断了归路,下令撤退。于谦以功升太子少保,总督军务。也先见手中的人质已经无用,又把朱祁镇放回。北宋徽钦二帝被掳,南宋对金屈膝求和,还害死了主张"直捣黄龙"的岳飞,结果徽钦死于北国,只有骸骨南归。明英宗被俘,因为于谦坚决主战,英宗终于无条件获释。

但我常常想,这会不会是也先的一条毒计?

祁镇归来后,被幽禁南宫。景泰八年(1457),代宗病重,石亨与徐有贞等人乘机拥立祁镇复辟,夺回帝位,世称"夺门之变"。于谦与大学士王文等当即被捕。两天后,代宗不明不白地死去,英宗改国号为天顺元年。据说法司对于谦查勘无据,乃请示徐有贞,徐曰:"无显迹,意有之。"遂以"意欲招外藩(分封在外地的明朝宗室)"定罪。这与当年秦桧杀岳飞时所定的"莫须有"(或许有)罪,何其相似乃尔!所以清人孟良揆《于忠肃墓》云:"'意欲'岂殊三字狱,英雄遗恨总相同。"

英宗还授意臣下诬于谦"炮击太上皇，大逆不道"。他最恨的，大概还是于谦所说的"社稷为重，君为轻"那句话，这也是于谦识见超出岳飞的地方。

徐有贞、石亨积愤多年，报复的机会终于来了，令人对于谦、王文施以酷刑，要他们供认迎立代宗是谋逆大罪。王文不服，尚自据理辩争，于谦平静地对他说：这不过是秦桧的"莫须有"故伎重演罢了，辩也死，不辩也死，做一个忠臣还在乎死吗？

早年，于谦曾于杭州江干的慧安寺读书。一次与友人路过桑林，见人无情地剪伐桑枝，曾吟诗曰：

一年两度伐枝柯，万木丛中苦最多。

为国为民都是汝，却教桃李听笙歌。

与《石灰吟》一样，都成谶语。靖康之耻与土木之变，结果迥异。但于谦与岳飞，都同样是一死。死后，于谦暴尸街头，家庭被抄，妻子充军。次年，由他的女婿朱骥把他的灵柩运回家乡杭州，葬于三台山麓。于谦死于天顺元年（1457）。那年，自秋徂冬，数月不雨，西湖涸为陆地，湖泥龟坼。有人说这是冤杀于谦所显的天意。这可能是巧合，但也够令人心惊了。杭人把岳飞的英魂留在西湖，又把离杭赴京的于谦的骨殖请了回来。清代袁枚有诗赞：

江山也要伟人扶，神化丹青即画图。

赖有岳于双少保，人间始觉重西湖。

杨 孟 瑛

杨公堤，里湖西岸者是也。知府杨孟瑛既开西湖，遂筑此堤，增建六桥，俗称里六桥是也。

近北三桥，宋时已有之。近南三桥，则孟瑛筑也。孟瑛各命以名，而田汝成为更定之。自北而南第一桥曰涵玉，改曰环璧，以玉泉之水所从以出也，西通耿家埠。第二桥曰流金，金沙港之水所从以出也，路通灵竺。第三桥曰卧龙，原名二龙。地近龙潭，深黝莫测，时有祥光浮水面，疑有神物藏也，故名。路通茅家埠。第四桥曰隐秀，原名浚复，绕丁家山而东，沿堤屈曲，苍翠掩映，故名。通花家山。第五桥曰景行，原名浚治。桥畔旧有三贤祠，又西挹高峰，取《诗经》"高山仰止，景行行止"之意，喻好贤也。路通麦岭。第六桥曰浚源，虎跑、珍珠二泉之水出焉。

其源长矣,非浚导不可,故名浚源。今人钟毓龙按:"虎跑、珍珠之泉恐不能出于此,此田汝成之误也。"

杨孟瑛字温甫,四川丰都人。名声显然比不上他的大老乡东坡。但东坡当年守杭,西湖淤塞过半,到杨孟瑛于弘治十六年(1503)来杭做郡守时,西湖被占已达十之八九了,且申报手续更为繁杂。白居易浚湖建闸,无须奏请朝廷。苏东坡就不一样,既要上疏皇帝,又要具报朝廷三省,钱米工役还要有预算计划。事后又遭到御史贾易的弹劾,说他"志事游观,公私无利"。杨孟瑛则先要申请巡台藩桌,同意了,才能奏请朝廷,朝廷下发至工部评议,方可决定。此外,白居易、苏东坡浚湖,既不废坟墓,又不毁田庐,杨孟瑛面对的却是这样的困境:"苏堤以西,高者为田,低者为荡,阡陌纵横,鳞次作久,曾不容舠(小船);苏堤以东,萦流若带","池荡田庐弥望","灶突相接,桑柘成林"。当时杭州流传一首民谣:"十里湖光十里笆,编笆都是富豪家。"由于阻力重重,从杨孟瑛获准上疏朝廷至开工,花了五年时间。

杨公堤

杨孟瑛力排众议，上书言西湖当浚者五：一、以风水而言，西湖塞，则杭州之形势破损，生殖将不蕃。二、以守备而言，西湖塞，则城之西部，无险可守，奸寇易滋。三、以人民而言，西湖塞，无清水可饮。四、以运河枯竭、妨害交通为言。五、以田亩缺乏灌溉为言。后三者皆白居易、苏东坡之论也。

正德二年（1507）二月，为防豪富习民闹事，杨知府特地写了安民告示，大意说：先贤们为百姓着想，想到根本，所以疏浚了西湖，用来灌溉周围良田。如今西湖渐废，我虽力图浚治，但湖上园池，尽被豪富封殖，我一旦开工，必然百口咨怨，当事人伤心，我也不能不动恻隐之情。但今天你们的产业，本来就是公家的湖面，是私人侵犯了公家而肥己，我现在则是恢复以前公私分明的旧况，怎么能叫做"厉民"呢？何况如今水尽湖塞，田渐荒芜，数十人家得利，千万人家遭害。所以凡我治下的湖边父老，请率你们的乡亲族人，及早迁徙，不要从中作梗。

不仅晓之以理，而且动之以情，更重要的是做好了大部分人的善后工作。对占有湖田的农家，开湖后确无以为生的，便用西湖周遭废寺的数千亩肥田，如数标换。

正德三年（1508）二月二日兴工，到六月十日为第一期；八月十九日至九月十二日为第二期，每天用夫八千人，拆毁田荡近三千五百亩。所挖葑泥，一部分运往苏堤，将其填高了二丈，拓宽了五丈三尺，两岸重栽杨柳，恢复"六桥烟柳"的旧观。另一部分淤泥，另筑一堤，从栖霞岭绕丁家山至南山。杭人称之为"杨公堤"或"杨堤"。《西湖竹枝词》合苏、杨二堤吟道："十二桥头日半曛，酒垆花岸共氤氲。"

与他的先贤乡党东坡一样，仅一年后，杨孟瑛便遭御史胡文璧弹劾，言其浪费官帑，"开除额税未明"，调离杭州，最后"竟以物议罢官"（《游览志余》）。究其根本，还是因为"清理包占田荡，为豪右所忌"。

风雨一过，花云委地。到清代，十里杨堤，湮没无闻。同样，明代嘉靖二十八年（1549）官修的《仁和县志》在"水利"条历载李泌、白居易、苏轼功绩，却只字未提杨孟瑛。《明史》也未为他立传。就是里六桥，在清"康熙志以前皆不著录，乾隆志亦仅存其名"（光绪《杭州府志》卷七）。只有清代雍正时傅玉露总纂的《西湖志》说了句公道话："虽谤怨者多，而有明开浚之功以杨孟瑛为最。"

民间的态度与官府截然相反。在杨孟瑛治湖四十年后，几乎与编纂嘉靖《仁和县志》同时，嘉靖二十六年（1547），田汝成便在他的《游览志》与

《游览志余》中，两次将杨孟瑛与白居易、苏东坡并举，并感慨道："温甫兴久废无穷之利，而率陨其名，嗣今谁复有任事之人哉！"

杨公堤后为西山路。2003年，再名杨公堤。与传统的白堤、苏堤不同，带着现代都市气息。两边植的不是袅袅的垂柳，而是金色的法国梧桐，但也有夹路的桂花飘香。著名的私家花园郭庄、刘庄（今改为"西湖宾馆"），就掩映在这条幽雅的长街上。

胡晓明先生曾言：

杭州的西湖，我现在最喜欢的是杨公堤。清明前的某一天，叫一出租，往龙井方向驶去。一上了杨公堤，就那样多的"绿树村边合，青山郭外斜"，好像每一处水涯，都藏着一个话桑麻的人家。最开心的是杨公堤不像西湖的其他地方，苏堤、白堤，总是人满，车多，导游旗子摇来摇去。

下车来，水里有野鸭在嬉戏着。沿着蒙蒙的春水小河，往左手方向的那一条小路走去，那天真的是"开遍杏花人不到"。只不过不是杏花，是樱花，是欢乐、喜悦、一齐大声地唱着歌的樱花。人在厚厚的樱花瓣里走，在锦簇团团的花光里走，在水边的花树倒影边走，好像春天的奏鸣曲为自己一人演奏。

杨公堤也有绵绵细雨的时候，那就是满山春雨绿如烟了。可惜杨公堤并不通船，不然，在绿如烟的春水里，听柔橹声声，沏一壶龙井，何等快意。

张苍水·章太炎

张苍水，名煌言，鄞县（今浙江宁波）人。顺治二年（1645），清兵连陷南京、杭州。年方二十六岁的举人张苍水，迎立鲁王朱以海监国绍兴，并随鲁王入闽（今福建）。这年冬，他回到浙东；在平冈结寨，与大兰山寨的王翊起义军联合，屡击清兵。顺治六年（1649），闽中兵危，鲁王到浙江舟山。次年，张苍水也来舟山。顺治八年（1651），定海沦陷，张苍水随鲁王退至厦门，与郑成功合作抗清。

顺治十六年（1159），郑成功与张苍水联师北伐，挺进长江。张苍水身先士卒，在敌人猛烈炮火下冲垮江防，与郑成功配合，一举拿下瓜洲。郑成功率陆军攻镇江，张苍水的水军则溯江而上，连克数州。

但郑成功未能听取张苍水的意见，从陆路直捣守备薄弱的南京，却以笨重的舰队逆流而上，以致稽延时日，使南京清兵得到增援。屯兵南京城，久攻不下，又遭对方袭击，被迫撤离，撇下张苍水部,从海上回到福建根据地去了。

张苍水孤军不支,最后队伍溃散,身边只留下一个侍者杨冠玉,回到舟山。对于清廷的招降,他有《复两江总督郎廷佐书》:

若仆者,将略原非所长,只以读书知大义,痛愤国变,左袒一呼,甲盾山立。屹屹此志,济则显君之灵,不济则全臣之节……即不然,谢良平竹帛,舍黄绮衣冠,一死靡他,岂谀词浮说足以动其心哉!

但大厦已倾,郑成功病死台湾,鲁王也在金门岛去世。大陆上,只有张苍水在临门(今浙江海门)重建的一支孤军了。

清廷再次招抚,张苍水在复浙江总督的信中,坚决表示:"宁为文文山(文天祥),不为许仲平。"许仲平即许衡,为元所用。

他从一个岛退往另一个岛,最后陷入绝境。康熙三年(1664)六月,为了避免无谓的牺牲,他遣散部队,带了几位随从,隐居到南田海外荒凉的悬岙岛。最后因叛徒出卖,于当年七月十七日半夜被捕。同时被捕的还有他的参军罗子木与侍者杨冠玉。十九日,他被解押宁波,头戴方巾,身着葛衣,神色宁静地坐在轿中。浙江提督张杰设宴招降,他不为所动,慷慨陈

张苍水"乾坤正气"碑拓片

张大千题签的章太炎石刻像

词:"父死不能葬,国亡不能救,死有余辜,今日之事,速死而已!"

离开宁波去杭州,他回头望城而拜,告别父老乡亲。船上,有个叫史丙的守卒,夜半忽然唱起苏武的《牧羊曲》来。张苍水心领神会,扣舷相和而歌。渡钱塘江时,有人向船舱中丢入一个包了瓦片的纸团,中有"此行莫作黄冠想,静听先生《正气歌》"的诗句。张苍水一笑:"此人一定是王炎午投生的了。"文天祥被捕后解送燕京时,太学生王炎午作生祭文丞相文,沿途张贴,希望文天祥看到,以坚定他为国牺牲的决心。

张苍水是愿意死在杭州的,有他来杭途中的《忆西湖》七绝为证:

> 梦里相逢西子湖,谁知梦醒却模糊。
>
> 高坟武穆连忠肃,添得新祠一座无?

"武穆"指岳飞,"忠肃"指于谦。

清廷多次劝降无效。九月七日,张苍水被押赴弼教坊(今官巷口)斩首。他遥望远处凤凰山一带,叹一声:"好山色!"深领其大美,才能深痛其苦难。三个字何等沉痛,是英雄看到大好河山沦于异族,心有未甘而发出的呼喊!

接着,又赋绝命诗,端坐受刑。诗曰:

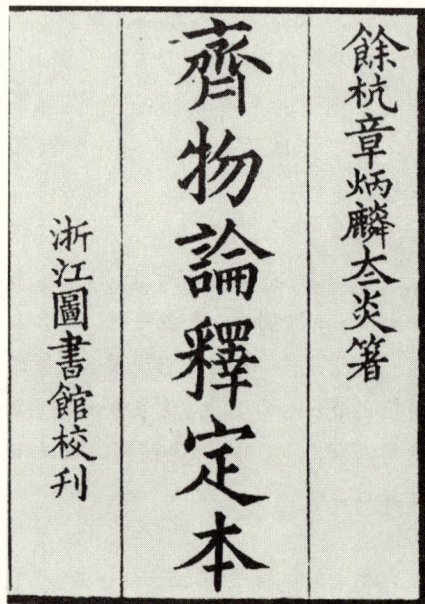

《齐物论释定本》浙江本封面

> 我年适五九,复逢九月七。
>
> 大厦已不支,成仁万事毕。

时年四十五岁,坚持抗清十九年,六次拒绝清廷诱降。罗子木、杨冠玉也同时就义。

逝后,他的同乡、故御史纪五昌捐款嘱张苍水外甥朱相玉买出首级,由杭人张文嘉、僧人超直等将他殡殓。朱锡九兄弟数人,又为他买了墓地,由宁波万斯大葬于南屏山麓荔枝峰下。罗子木、杨冠玉二人,也葬在旁边。

墓在苏堤南端,与苏堤北端的岳王墓遥遥相望,并西邻三台山下的于谦墓，鼎足而三。明末大儒、抗清志士黄宗羲的《张苍水墓志铭》，肯定了烈士生前"宁为文文山"的誓言："间尝以公与文山并提而论，皆吹冷焰于灰烬之中，无尺地一民可据，止凭此一线未死之人心以为鼓荡。……文山之《指南录》，公之《北征记》，虽与日月争光可也。"

今人夏承焘于1930年谒张苍水墓，记"湖上秋光如镜"，"墓旁二枫作血色"，并拟改墓旁旧联为："日月双悬于氏墓，湖山相望岳家坟"，额曰"好山色"。

胡晓明先生在《文化江南札记》中评：

张煌言虽长于陆战，却是一知其不可为而为之的理想主义者。郑成功

章太炎

虽长于水战，却是一踏实谨慎的现实主义者。倘若说事业之波澜壮阔、功名之大开大阖，则郑成功几番出师之后，放弃抗清，退守台湾，因而打败荷兰红毛鬼子，可谓失之东隅，收之桑榆，成就了双料民族英雄。然而倘若说宁进一寸死，不退一步生，死心塌地地做那移山不止的愚公、填海不息的精卫，则张煌言以丹心碧血，凝就的是千古不朽的人格。中国文化向来主张不以成败论英雄，对于郑成功的功业我们崇敬他，对于张煌言的虽败犹荣，亦应给予同样崇高的地位。

当年张苍水被俘赴杭途中，又有《入武林》七律，化"高坟武穆连忠肃"为"日月双悬于氏墓，乾坤半壁岳家祠"一联，表达了自己"敢向丹心借一枝"之意。"借一枝"，借一席之地，这里指葬地。近三百年后，出生于余杭的辛亥革命元老、国学大师章太炎先生，有感于张诗中"西子湖头有我师"之句，倾诉了自己与张苍水"生不同辰，死当邻穴"的仰慕之情。1955年，江苏、浙江两省政府将章的灵柩从苏州移葬至杭州南屏山荔枝峰下，与张苍水墓为邻。太炎先生的遗愿得以实现，正如张苍水当年"敢向丹心借一枝"的愿望没有落空一样。

鲁迅先生在《关于太炎先生二三事》

中说:"考其生平,以大勋章作扇坠,临总统府之门,大诟袁世凯的包藏祸心者,并世无第二人。七被追捕,三入牢狱,而革命之志,终不屈挠者,并世亦无第二人;这才是先哲的精神,后生之模范。"

从某种意义上讲,张苍水为皇族一姓之兴亡,章太炎为民族大众之利益,两人还是有时代价值的不同的。

西子湖头有我师。

冯 小 青

冯小青原是扬州人,谈吐娴雅,应对敏捷,颇具才思。十六岁嫁给杭州冯子虚为妾。冯子虚出身豪门,性情暴虐愚顽,大妇对小青更是奇妒,将小青因于内房,不许她与冯生相见。冯子虚无奈,向他姑母杨夫人诉苦。

杭州风俗,二月十九日是上天竺观音菩萨诞辰。杨夫人邀大妇一同到天竺进香。大妇不放心小青留在家中,令小青随往。烧完了香,大妇问小青:"西天佛祖极多,为何世人独信观音大士呢?"小青低声回答:"因为她慈悲。"大妇知小青话中有话,冷笑道:"我现在不妨学那观音的样,对你慈悲慈悲,你看如何?"杨夫人接口道:"大娘既有慈悲之心,你家在孤山梅屿不是有座别墅吗,可让小青去住,也省得各自不便。"大妇答应,并约法三章:"不许接待冯生;未经我允许,冯生给你的信不准拆阅;你有书信必须先让我过目,不准私自传递。"

小青住到孤山之后,杨夫人常来看望,有时也带些书籍给她消解愁闷。但小青益发自怨自艾。西湖早春,孤山梅花盛开,她住处的旁边就是林和靖墓,而她却不能前往观赏凭吊,不禁吟出:

春来血泪点轻纱,吹入林逋处士家。

岭上梅花三百树,一时应变杜鹃花。

《冯小青》书影

西湖秋夜,小青终夜难眠,翻开杨夫人送来的《牡丹亭》,含泪吟道:

冷雨幽窗不可听,挑灯闲看《牡丹亭》。
人间亦有痴于我,岂独伤心是小青?

她怀念家乡,怀念母亲:

乡心不畏两峰高,昨夜慈亲入梦遥。
见说浙江潮有信,浙潮争似广陵潮?

初到梅屿时,小青吟诗作画,常寄给杨夫人。后来杨夫人随做官的丈夫去了北方,就再也没有人来看望她、安慰她了。小青满腔幽愤愁怨,无处诉说,把郁成疾,得了肺病,咳嗽不止。大妇叫婢女送来药物,小青当面致谢,背后却将药倒掉。她对人生已经绝望,决意干干净净地来,也干干净净地去。她给杨夫人写了一封绝命书,大意如下:我离开这里,则是狂风中的杨花柳絮;住在这里,则是严霜中的深谷幽兰。现在我已瘦骨难支,病入肺中,见饭而吐,情意错乱,喜怒无常,老母弟妹,如隔天涯,音问断绝。唉!不知道生的快乐,哪知死的悲哀!自从成婚

以来,对于我就只有黑夜没有白昼了,想来阴间的滋味,必定不会和这里有什么两样。何必等到身化青烟,坟头上的纸钱如白蝴蝶纷飞时,才算是死了呢?

从此小青米饭不进,每天只饮一盏梨汁,穿着却愈发鲜亮整齐。虽然常常晕倒又醒来,却始终不曾蓬头垢面。有一天忽然叫老妪请来一个画师替她画像,像画好了,小青对着镜子端详比较了一番,说:"外形很像我,却没有表现出我的精神,暂且放着吧!"又画一像,小青说:"精神画出来了,可是风情意态还不活泼。这是师父你见我目宇端直、手脚拘谨,过于矜持的缘故。"小青请画师拿笔站在一边,自己则与老妪指点说笑,一会儿给茶铛扇火,一会儿又检点图书,许久,画师第三幅像成,小青笑说:"可以了。"画师辞去后,小青把画像摆在床前,燃起好香,设梨酒祭奠,说:"小青,小青,这里哪有你的缘分呀?"说罢,抚几悲泣,气喘痰壅,不到半夜,就离开了人世,年方十八。葬在孤山放鹤亭附近,与斜阳共寂寞,与风雨共凄其!

张岱《西湖梦寻》中有《小青佛舍》文,并附小青《拜慈云阁》诗:

稽首慈云大士前,莫生西土莫生天。

冯小青

愿将一滴杨枝水，洒作人间并蒂莲。

"慈云大士"即观世音菩萨。自从佛法东传，中国本土民间佞佛就不断形成一个粗糙化的信仰传统，专讲前因命定一套。这是从小乘佛法流衍而出的话头，失去了小乘思想中严肃深刻的精神，只剩下一个等待来生解救

的渺小可怜的生命。这首绝句，则表达了小青的临终醒觉，应是来自中国本土文化心灵的苏醒。

清人张潮《虞初新志》收有《小青传》。墨浪子《西湖佳话》也以"梅屿恨迹"作为"西湖十六迹"之一。近人潘光旦则将小青作为中国性变态心理学的典型个案加以研究，著有《冯小青》一书。

这是一颗纤弱精致的心灵，演绎了一段自怜自恋的幽闭生命的凄美，令人不忍、也不敢轻薄。中晚明以来，重情的文学思潮对于人的性灵情感的开掘是相当深细的。对于每一个独特的生命天性的珍爱、呵护，正是其中一项重要内容；而这一内容，在明清女性文学中，表现得尤为充分，富于诗情。

今小青墓已不存。我只能在西泠一带徘徊，吟诵清代女诗人张藟云的《小青墓》：

明月无主夜乌啼，妆阁重寻细草迷。

一种伤心谁记取，断云零雨六桥西。

陈 洪 绶

陈洪绶为明末画家，字章侯，号老

陈洪绶人物画

陈洪绶山水画

莲。朱彝尊写过一篇《陈洪绶传》,提到他的狂放:"已而纵酒狎妓自放,头面或经月不沐。客有求画者,虽罄(qìng音庆)折(弯腰如罄,罄通'磬',为古代一种石制乐器)至恭,勿与。至酒间召妓,辄自索笔墨,小夫稚子无勿应也。"

文中更强调了他的率真:

尝留杭州,其友召之饮,期于西湖上。洪绶往,遇他舟,径登其席座上坐饮。主人徐察之,知为洪绶也,亟称其画。洪绶大骇曰:"子与我不相识也!"拂袖去。

受人恭维而不自喜,反而吃惊于对方既不相识,何以如此?正见艺术家不谙世故的一派天真。

但我想,倘若对方是一位红粉佳人,陈洪绶大概不仅不会"拂袖去",反倒会"自索笔墨"为其作画吧。据说清兵下浙东,在围城中搜得老莲,命老莲作画。刀刃相迫之下,老莲不握管。以美人诱之,老莲才动笔,画后又于当夜抱画逃走。所以全祖望评说:"呜呼!老莲好色之徒,然其实有大节!"

张岱《陶庵梦忆》中的《陈章侯》,还留下一段韵事:

崇祯十二年(1639)八月十三,作者陪自己的叔祖父南华老人在西湖泛舟饮酒。月亮升起之前就提早回家。陈章侯不痛快,对宗子说:"这样好的月色,难道蒙上被头睡觉吗?"于是宗子吩咐老仆人带上一小坛家酿好酒,叫了一条小划子重新去断桥那边。陈章侯自斟自酌,不觉大醉。船划到玉莲亭边,丁叔潜从北岸招呼大家,并拿出塘栖蜜橘,众人尽情而啖。

陈章侯正躺在船头上大叫大嚷,岸边上有位姑娘,叫童子隔水打招呼:"少爷们的船肯趁便带我们去第一桥吗?"宗子同意,她很高兴地走下船来,衣着薄绸,显得淡雅温柔,叫人看了惬意。又是陈章侯,倚着酒兴,挑逗说:"姑娘你豪爽得就像那张一妹,能够跟虬髯客一起喝酒吗?"那姑娘也略不谦让,欣然就饮。

"张一妹"就是红拂女,隋相杨素的家妓,她见李靖人才出众,便与之私奔。逃亡路上在客店遇到奇人虬髯客。

小划子到了第一桥,已是二更天了。那姑娘居然把一小坛酒喝光。问她地址,只是笑而不答。陈章侯本来想跟踪,但只见她走过岳王坟,再也没法赶了。真是去者飘然,留者怅然。

后世的人,读过这段文字,不知会生出多少遐思。它正透出了江南文化的底蕴:柔情侠骨。

文中还提到"出塘栖蜜橘相饷"。塘栖在杭州东北。郁达夫在《超山的梅花》中提到:

你若到了超山之后,则北去超山七里地外的塘栖镇上,不可不去一到。在那些河流里坐坐船,果树下跑跑路,趣味实在是好不过。

并引《卓氏家乘·塘栖考》:"唐栖者,唐隐士所栖也。隐士名珏,字玉潜,宋末会稽人。"杨琏真伽盗发宋陵后,唐珏(jué 音觉)怀愤变卖家具,召了一些地方上的大胆恶少,收拾遗骸,埋在绍兴兰亭山后,并在上面种冬青树作为标识。人们为了纪念唐义士,就把他隐居的地方称为"唐栖"。

郁达夫还讲附近有宋宫人墓:

昔有士子,秋夜凭栏对月,忽闻有环佩之声,不寐听之,歌一绝云:"淡淡春山抹未浓,偶然还记旧行踪。自从一入朱门去,便隔人间几万重。"闻之酸鼻。这当然是一篇绝哀艳的鬼国文章。

张　岱

晚明是魏晋以来中国第二个思想解放的时代。王思任《吴观察宦稿小题叙》言:"汉之赋,唐之诗,宋元之词,明之小题,皆精思所独到者,必传之技也。"

"小题"即小品。我的友人语桥君,曾以《中年的天真》为题,为《闲雅小品集观——明清文人小品五十家》一书，写过一篇出色的序文：

从屈原开了个九死未悔的先例起，文人们就认准了仕途经济一条路，汲汲以求，陷入了一种等待赏识、等待拯救的心态，总有些"欲把一麾江海去，乐游原上望昭陵"的矛盾踟蹰，有些"欲济无舟楫，端居耻圣明；坐观垂钓者，徒有羡鱼情"的卑微无奈，甚至还要谄媚地探问"画眉深浅入时无"。

背负着这种沉重的负荷走到明清，文人们已经经历了太多对于幻像的憧憬，终于穿越了前辈墨客蜕下的层层艰难，放弃了对于功业、君恩的执着，从无可化解的亘古忧伤里释放出了自己的性灵，并以此二字独标一帜，成就了一代之文。……中国文人洋洋洒洒地写了上千年的大赋骈文铭诔策论，直到把文章写到无章无法、无体无格的小品文的份上，才算得意而忘言，想起了自己的心。

在这五十家中，张岱的小品文，更是脍炙人口，经久耐读。当然，这又是与他独特的经历分不开的。

张岱，祖籍四川，出身于明代官宦之家，字宗子、石公，号陶庵，自号蝶庵居士，浙江绍兴人，寓居杭州。明亡，他躲进山林，心如死灰，只因记述明洪武

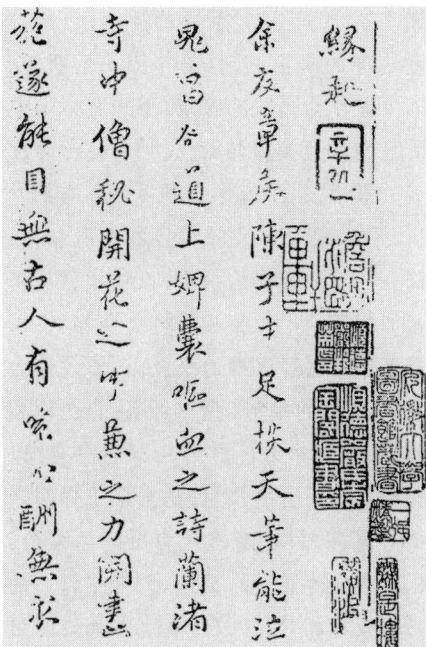

张岱手迹

年间到南明王朝的史书《石匮书》尚未写完，才偷生于世。在《陶庵梦忆》一书的自序中，他坦率道来，大意如下：我国破家亡，无可归宿，披头散发进入山中，形状可怕地变成了一个野人。亲戚朋友一看到我，就像看到了毒药猛兽，愕然而望，不敢与我接触。我写了《自挽诗》，屡次想自杀，但因《石匮书》尚未写完，所以还在人间苟活。然而瓮中经常无米，不能煮饭疗饥。我这才懂得首阳山的伯夷、叔齐二老实在是饿死的，说他们不食周粟，还是后人装点门面的话。由此想到自己以前生长于王、

谢之家,很享用过豪奢的生活,今日遭到这样的果报:以竹笠作为头的报应,以草鞋作为足跟的报应,用来跟以前享受过的华冠美履相对;以衲衣作为穿皮裘的报应,以麻布作为服用细葛布的报应,用来跟以前又轻又暖的衣服相对;以豆叶作为食肉的报应,以粗粮作为精米的报应,用来跟以前的美食相对;以草席作为温暖床褥的报应,以石块作为柔软枕头的报应,用来跟温柔之物相对;以绳枢作为优质的户枢的报应,以瓮牖作为明窗的报应,用来跟干燥高爽的居室相对;以烟熏作为眼睛的报应,以粪臭作为鼻子的报应,用来跟以前的享受香艳相对;以跋涉路途作为脚的报应,以背负行囊作为肩膀的报应,用来跟以前的轿马仆役相对。以前的各种罪案,都可以从今天的各种果报中看到。

晚明一些名士也许不喜欢自己死后,他人对自己的一生做不实的虚假赞美,干脆生前自己"盖棺论定",自写墓志铭,毫不掩饰地暴露自己的荒唐行为。徐渭开其先河,张岱也有《自为墓志铭》:

蜀人张岱,陶庵其号也。少为纨袴子弟,极爱繁华,好精舍,好美婢,好娈童,好鲜衣,好美食,好骏马,好华灯,好烟火,好梨园,好鼓吹,好古董,好花鸟。兼以茶淫橘虐,书蠹诗

魔,劳碌半生,皆成梦幻。年至五十,国破家亡,避迹山居,所存者破床碎几,折鼎病琴,与残书数帙、缺砚一方而已。布衣蔬食,常至断炊。回首二十年前,真如隔世。……学书不成,学剑不成,学节义不成,学文章不成,学仙学佛、学农学圃俱不成。任世人呼之为败子、为废物、为顽民、为钝秀才、为瞌睡汉、为死老魅也已矣。

今人黄裳先生在《关于张宗子》一文中说此铭"自论平生,皆痛切率真,文字亦佳。我国文人之能为《忏悔录》如法兰西之卢骚者,乃更无第二人"。"卢骚"通译"卢梭"。

以张岱的才名,只要肯出山,便可重新过上以前的那种生活,但他"稍欲出门交,辄恐丧其守",十一年来,惨淡偷活,奇穷至窘,仍不辍著述。在这一点上,当时许多文士是难以望其项背的。

秋　瑾

1906年七八月间,"鉴湖女侠"秋瑾与女友徐寄尘同游西湖,曾戏订"埋骨西泠"之约,谁知一语成谶。其中又经历多少磨折!

1907年春,秋瑾又有《丁未二月四日,偕寄尘泛舟西湖,复登凤凰山绝

秋瑾和服像

顶望江，相传此山南宋嫔妃葬地也，口占志感》，中有"白杨荒冢同凭吊，儿女英雄尽可怜"之句。徐寄尘《秋女士历史》也记："今春二月，余晋省，适遇焉。泛舟西湖。日暮，犹徘徊岳王坟畔，不忍去，歌《满江红》词，泪随声下，余促之，始归。"

作为豪纵尚气的一代奇女子，此时是否有一种预感，所以才会显得如此悲壮？

同年，为配合孙中山先生领导的反清民主革命，秋瑾与徐锡麟共商皖、浙起义大事。不料消息走漏，徐锡麟在安庆提前行动，杀了安徽巡抚恩铭，但寡不敌众，失败被俘，遭到剖腹挖心的酷刑。消息传至绍兴，有人劝秋瑾"离校暂避"，或暂时离开绍兴；"已而清兵进城，众学生又集议，劝瑾出奔"，但秋瑾已无法劝转，想像谭嗣同那样，"以死唤起国人"。也是见徐锡麟等战友壮烈而死，自己不忍独生，而作为同盟会浙江方面负责人，决心树立殉身楷模。早在7月10日，她已将绝命词寄给她在上海的女弟子徐小淑：

痛同胞之醉梦犹昏，悲祖国之陆沉谁挽。日暮穷途，徒下新亭之泪；残山剩水，谁召志士之魂？不须三尺孤坟，中国已无干净土；好持一杯鲁酒，他年共唱拜仑歌。虽死犹生，牺牲尽我责任；即此永别，风潮取彼头颅。壮志犹虚，雄心未渝，中原回首肠堪断！

六月初四（阳历7月13日），清兵从杭州赶到绍兴。秋瑾闻讯，不仅不避，反而从和畅堂家中赶到她主持的大通学堂，与敌短兵对决。她遣散部分学员，又令几名学员持枪扼守大门，掩护尚未离校的十余名学员从后门泗水而走。自己则在堂中开枪拒捕。据王艾村《秋瑾》中记："秋瑾正紧握六轮手枪作殊死战斗，不料被奸细蒋纪云从背后将她抱住,清兵一拥而上,夺去手枪,将她缚住。"

她被捕的当天晚上,绍兴知府贵福设宴,企图软化她,诱出口供。未果。又令山阴知县李钟岳再审。秋瑾"坚不吐实",仅书"秋雨秋风愁煞人"七字。这大概是衙外风雨交加,联想到国家的前途、民族的命运,秋瑾触景生情,忽忆清人陶澹人七律的第七句,书写怀抱。李良知未泯,遂藏于衣袋。李还问秋瑾有什么具体要求——这是"惯例",但也会因主审官而随意取消。秋瑾提出三条:①死后不要破坏她的衣服(临刑时她穿白衫、黑裤,足着皮鞋)。②她死后,不要以头示众(头不可侮!)也不要毁坏面容。这两条都是要求维护一位女性起码的人格尊严,③给家人写一封诀别信。李钟岳与会稽县令李瑞年商议,前两条同意了(后李钟岳因此事被贵福削职,李无计自全,投缳自尽于山阴县廨),后一条未同意,因怕消息传出,"逃匪"王金发等会来劫法场。贵福还密令在7月15日黎明前行刑,可见内心恐惧。

秋瑾殉难后,第一次是由"善堂"(义务殡葬等福利组织)"藁葬于卧龙山麓"。不久又由秋瑾之兄秋誉章雇人移"厝于常禧门外严家潭丙舍"。当年冬,秋瑾生前女友吴芝瑛、徐寄尘,南社诗人陈去病,谋为秋瑾埋骨西泠,以践宿诺。徐寄尘风雪渡江,与秋誉章磋商就绪,迁柩西湖西泠桥畔。"事竣,寄尘女士为撰墓表,吴女士书之,又题'呜乎鉴湖女侠秋瑾之墓',立碑墓门,一时义声远播,……"(以上引文,均见秋瑾之弟秋宗章回忆)

秋瑾遗印:"读书击剑"

然而事情还没有完,墓土未干,清廷惊恐,出面干涉,扬言平墓,事涉吴、徐二人。秋誉章又将秋瑾骸骨迁回绍兴严家潭,誉章也因之忿而致疾离世。其后,秋瑾灵柩又迁葬湖南湘潭其夫家王廷钧墓旁,这正是违背英灵的生前意愿的,因为她与王廷钧的关系早已破裂。

"辛亥光复,浙省大吏,又派员迎归。"五易其葬,而方安柩于西泠桥畔的凤林寺前。时人还取"秋风秋雨"之意,建"风雨亭"。在秋瑾墓西边,还修建一座鉴湖女侠祠,简称秋社。民国元年(1912),孙中山亲临致祭,书"巾帼英雄"挽幛,并到风雨亭凭吊。

秋瑾终于践行了她的宏愿:

不惜千金买宝刀,貂裘换酒也堪豪。

一腔热血勤珍重，洒去犹能化碧涛。

秋瑾从被捕到遇害于绍兴轩亭口，只有两昼夜，时年三十三岁。但她的冲击波正如"碧涛"一样奔腾不息。"于祠岳庙中间路，留取荒坟葬女郎。"南社诗人柳亚子每到杭州，必祭秋坟，必有悼作。1915年，袁世凯称帝，浙江军阀甘愿称臣，柳亚子祭奠秋坟后，不禁悲愤填膺：

大好中原坐付人，钱镠赵构只称臣。

西湖云气今休问，立马吴山少此君。

在西泠秋瑾白玉塑像前，我想起今人公刘写清明雨的诗：

那些用胸脯打断棍棒的，
那些用脊梁扫射水龙的，
那些用脖颈斫缺刀刃的，
那些用颅骨敲碎子弹的，
他们走了，
永远永远地走了；
留下足迹，
留下诗句，
留下一腔血气，
一宗不可妄动的

秘密武器……
(万不得已时，
又何妨落地一掷!)

月轮楼主夏承焘

月轮山，在龙山南。形圆如月，其高耸者，为月轮峰。宋时，张君房为钱唐令，夜宿月轮山，寺僧报曰："桂子下塔。"遽起望之，纷如烟雾，回旋成穗，散坠如牵牛子，黄白相间，咀之无味。

张君房为宋景德年间进士，主编《云笈七签》122卷，道书精华，具备于此。他曾夜宿江干月轮寺，遇此奇观。这当然是由宋之问"桂子月中落"诗句而衍生的神话。

1930年，词学家夏承焘任教之江大学中文系。之江大学在钱塘江边的秦望山上。钟毓龙《说杭州》释："相传秦始皇东巡，尝登此山瞻望，欲渡会稽，故名。……南有之江大学，教会中人所设立也。"夏先生自称："之江大学擅江山之美，称世界大学第二胜区。"并写《望江南》词：

之江好，带水绕钱塘。一道秋光天上下，五更潮信月苍茫。窗户挂银潢。

之江好，飞观俯西兴。云雾忽

沉千嶂月，鱼龙来唼一江灯。人在最高层。

钱塘江从萧山闻家堰到杭州市闸口一段，别称"之江"，取其蜿蜒曲折如"之"字形，当然是反写的"之"字。"西兴"在钱塘江南，今杭州对岸萧山一带。东坡《八声甘州》有云："问钱塘江上，西兴浦口，几度斜晖？"

之江大学教师宿舍在秦望山的月轮山，夏先生自名寓所为"月轮楼"。曾有《月轮楼纪事诗》：

渐觉楼高得句奇，飞腾意倦小

夏承焘夜读

窗知。

新凉奇绝无人会，映雨江光照写诗。

诗境分明江槛前，为谁风雨忽茫然。

寒江尽处烟光接，三五高帆在半天。

乱帆红树对西兴，塔影阑干唤可应。

若要看江出奇句，有风有雨试来凭。

还撰《贺圣朝》词，词云：

雨声只在高楼侧，战风蒲万叶。二更雁过卷霜帘，满江天是月。

乱帆过马，怒潮拥雪，动寒光四壁。谁吹霜竹上扁舟，引老龙夜泣。

1930年10月31日记：

早看大雾，寒光满楼，江景甚奇。

1931年6月28日记：

夜卧楼槛，翻梦窗词。凉月在枕，江风满榻，萧然佳景，惜无良友同之。

夏承焘手迹

"梦窗"指南宋词人吴文英,号梦窗。

1931年8月2日:

阅山谷尺牍。江楼坐月,凉风洒然,忽忽入睡。

"山谷"指北宋诗人黄庭坚,号山谷道人。

1934年9月22日:

晚饭后在林影中看月江。银波一片,浤漾眩目,比西湖尤胜。

这里的"江",自指钱塘江。

朱生豪曾以十年之功,独立翻译莎士比亚全集大部,文字优美,音韵铿锵,可惜家贫体弱,英年早逝。读夏先生《天风阁学词日记》,才知朱生豪曾为之江大学学生,夏先生多次褒奖有加:

夕阅考卷,朱生豪不易才也。

阅卷,嘉兴朱生生豪读晋诗随笔,极可佩,惜其体弱。

阅朱生生豪唐诗人短论七则,多前人未发之论,爽利无比。聪明才力,在余师友之间,不当以学生视之。其人今年才二十岁，渊默如处子，轻易不肯发一言。闻英文甚深，之江办学数十年，恐无此未易才也。

朱生豪谓"数峰清苦，商略黄昏雨"，白石词格似之，此语甚当。

夏先生在杭州，还与国学大师马一浮、古史专家顾颉刚来往。如1931年5月10日记：

早八时往延定巷三十二号访马一浮先生，值其早饭，少待出见。说及苏曼殊，浮翁谓苏佛学甚浅。殁前一年来杭，住陶社，闻名来访，曾见数面。……予问近有新著述否，翁谓随手散失，平生不甚理会此事。即论佛学，前人书已甚完具，勤学者自得之，亦无劳后人喋喋也。九时余辞出。马翁所居甚简陋，而二客厅陈几椅数十，知宾客甚盛。

1932年4月17日记：

早七时半与雁晴、夏朴山乘火车入城，至马坡巷余杭查验局看顾颉刚不值。……午后再诣颉刚，肃客殷勤，姁姁如老姬。谈吐朴讷，尤觉恺悌可亲。

抗战胜利后，夏承焘重返杭州，住孤山罗苑浙江大学教师宿舍，还时常怀念旧居。在一首《玉楼春》词序中，提到："予于月轮山寓庐，莳月光花、晚香玉，颇娱幽居。"我不知道月光花是一种什么样的花，但这名字就已经美得令人心颤，也切合月轮楼主像月光一样澄明的胸襟。

藕花居·《蕙的风》

舒新城于1929年写的《西湖纪游》中说："就我所知，似乎从来没有人投西湖自杀的。"其实不然，《游览志余》便有这么一条。清人徐逢吉《清波小志》的转引尤为简洁：

陶师儿，淳熙初行都角妓也。与浪子王宣教相眷恋，为恶姆所间。一日，王生拉师儿游西湖，比夜，舟泊净慈藕花深处，相抱投水中死。都人作"长桥月短桥月"以哀之。

[陶师儿是南宋淳熙（1174—1189）初年的临安伶人，与一个年轻的游民王宣教相爱，为鸨母阻拦。一天，王宣教拉着师儿游西湖，到了夜里，小船停泊在净慈寺附近的藕花深处，两人抱拥着双双投水而死。临安人写"长桥月短桥月"的词来哀悼他们。]

陈景钟《清波小志补》记长桥侧有朱娘酒店，并作长桥诗："朱娘店外鹁鸠鸣，野步无人小艇横。一曲双投

净慈寺

桥下水，春风吹雨吊王生。"长桥从此也被人唤作双投桥。所谓长桥，如今只是南山路上一座公路桥。所以杭谚云"断桥不断，长桥不长，孤山不孤"。

南宋杨万里《晓出净慈寺送林子方》有"接天莲叶无穷碧，映日荷花别样红"，可见这里的风景。陶、王二人的选择，算是艺术化的死亡行为。净慈寺前旧有方塘数十亩，尽栽红莲。明人还把这里作为一处景点：藕花居，为"南屏八景"之一。

不知怎么，读了这个故事，总感到压抑。于是想起了"五四"以后，一位杭州青年汪静之写的诗集《蕙的风》。朱自清认为这本诗集对旧礼教好像投掷了一颗炸弹。沈从文则说："《蕙的风》所引出的骚扰，由年青人看来，是较之陈独秀对政治上的论文还大的。"

杨万里

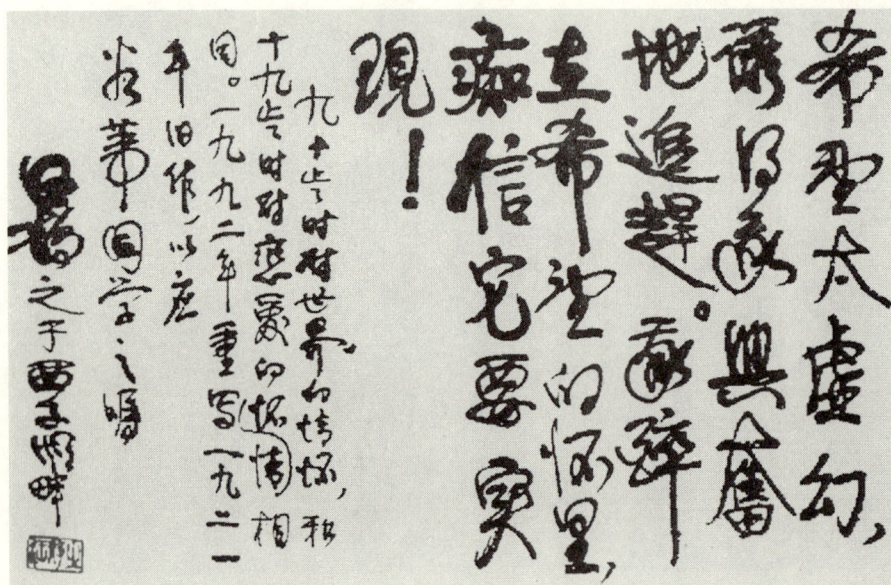

汪静之手迹

确实，与其用宝贵的生命投水殉情，不如起而抗争。如小诗《蓓蕾》：

> 蓓蕾们商议了一会，说：
> "开——仍旧要开花，
> 只是不许再来践踏。"

《赠蒙漪》也十分出色：

> 闲立在栏杆内，
> 莲花那般亭亭。
> 心性儿海棠般娇，
> 品格儿水仙般清。

> 丝发儿蓬头，
> 胜似轻云的松松。
> 微微低脸沉吟
> 一朵含羞的白芙蓉。

> 山巅的积雪一样纯洁，
> 风中的落花一样轻盈。
> 全个人儿都素雅，
> 宛如明月化成。

> 频送水一样的眼波，
> 软融了我的心灵。
> 丑的人间竟有美的你，
> 我为你的美而生！

后 记

　　写完书稿，不仅没有如释重负的感觉，反而变得缠绵悱恻起来。宋人吴文英长调《莺啼序》中的片段，蓦然浮漾心头：

　　　　十载西湖，傍柳系马，趁娇尘软雾。溯红渐、招入仙溪，锦儿偷寄幽素。
　　　　倚银屏、春宽梦窄，断红湿，歌纨《金缕》。暝堤空，轻把斜阳，总还鸥鹭。

　　词中回忆自己在西湖上的情事。"溯红渐、招入仙溪……"指舍陆登舟，借锦儿传情示意，招入"仙溪"的伊人居处。锦儿是钱塘名妓杨爱爱的侍婢，此处借代。"红渐"形容沿溪漂流的桃花落瓣。"春宽梦窄"造语奇警，有情长缘短、难得欢聚之意。这里的"断红"指眼泪和胭脂。在回忆的薄雾里，两种红色都是温馨迷人的。

　　放大了看，有幸一睹西湖这位绝世仙姝的玉容，亲近芳泽的游人，都可能会对这首词产生共鸣。前人的诗句"舞裙红皱如春波"、"湿云如梦画西湖"等等，也联袂而至。还想起今人汪静之用"蕙的风"吹拂的西湖，艾青笔下的"西湖"——

　　　　在清澈的水底
　　　　桃花如人面
　　　　是彩色缤纷的记忆

　　《莺啼序》的结句是："伤心千里江南，怨曲重招，断魂在否?"借用了《楚辞·招魂》中的——

　　　　湛湛江水兮，上有枫;
　　　　目极千里兮，伤春心;
　　　　魂兮归来，哀江南!

　　按照美国汉学家斯蒂芬·欧文的饶有新意的解读：

　　　　信息非常清楚:回来你就继续活下去，

远留在外你就命归黄泉。

"江南忆，最忆是杭州。"杭州是古代士人最为向往的温柔之乡。感谢刘士林和洛秦先生给我这个机会，玉成我此次亲近杭州和西湖的诗性人文之旅。感谢王玲真、曹茶香和王晓静为本书所做的配图、统一体例等具体工作，马尹川校对了全稿，刘永做了图片和全书的统稿工作，在此一并致谢。

作　者
2008年春

修订后记

我们的江南文化研究和出版,始于2002年。当时我还在南京师范大学教书,洛秦也刚主持上海音乐学院出版社。大家在古都南京一见如故,遂决定携手阐释和传播江南文化,到今年正好是10周年的纪念。

10年来,工作一直没有停顿,大体分为三个阶段,略记如下:

在决定出版"江南话语"丛书后,我们首先于2003年8月推出了《江南的两张面孔》,当年的12月,又推出了《人文江南关键词》和《江南文化的诗性阐释》。这3种图文并茂、配有音乐碟片的小书,颇受读者青睐,先后几次重印。

2008年,在上海世博会来临之前,我们对全三册的《江南话语》丛书做了第一次大的修订,除了校订文字、重新设计版式、补充英文摘要,还增加了洪亮的《杭州的一泓碧影》和冯保善的《青峰遮不住的寂寞与徘徊》,使丛书规模从3种扩展到5种。

2012年开始,我们又酝酿做第二次大的修订,在原有5种的基础上,增加了《吴山越水海风里》《世间何物是江南》《诗性江南的道与怀》《春花秋月何时了》和《桃花三月望江南》,内容更加丰富,也记录了我们的新思考和新关切。在此,我们希望她能一如既往地得到读者朋友的喜爱。

最令人高兴的是,历经10年时光的考验,我们两个团队没有任何抵牾,而是情好日密、信任如初。在当今时代,这是很不容易做到的。仔细分析,原因大致有二:一是我们最初的想法不是用它赚钱,而是做一点自己喜欢的书;二是更重要的,10年来我们一起努力坚持了这个在常人看来颇有些浪漫和不切实际的约定。

记得在少年时代,第一次读到古人"倾盖如故,白发如新"一语时,我就为这句话久久不能平静。现在看来,"倾盖如故",我们在共同的书生事业里已经做到,放眼未来,"白发如新"也应该不是问题,因为我们在一起发现了江南的美,也都愿意做这种古典美的传播者和守护者。当然,我们也希望有更多的朋友参与这个过程,为中国文化的复兴和江南文化的现代转换贡献各自的力量和智慧。

刘士林

二〇一三年五月十七日于春江景庐薄阴细雨中

图书在版编目(CIP)数据

杭州的一泓碧影/洪亮著. —上海:上海音乐学院出版社,2013.6
(中国风:江南文化丛书)
ISBN 978-7-80692-878-3

Ⅰ.① 杭… Ⅱ.① 洪… Ⅲ.① 西湖–史料 ② 散文集–中国–当代 ③ 游记–作品集–中国–当代
Ⅳ.① K928.43 ② I217.2

中国版本图书馆CIP数据核字(2013)第112491号

书　　名:杭州的一泓碧影
编　　者:洪　亮
责任编辑:夏　楠　鲍　晟
封面设计:金东波
出版发行:上海音乐学院出版社
地　　址:上海市汾阳路20号
印　　刷:上海天华印刷厂
开　　本:787×1092　1/16
字　　数:130千字
印　　张:14.75
版　　次:2013年6月第1版　2013年6月第1次印刷
书　　号:ISBN 978-7-80692-878-3/J.841
定　　价:42.00元

本社图书可通过中国音乐学网站 http:// musicology.cn 购买